做智慧父母

宋建忠 编著

新疆文化出版社

图书在版编目（CIP）数据

做智慧父母 / 宋建忠编著. -- 乌鲁木齐 : 新疆文

化出版社, 2024. 11. -- ISBN 978-7-5694-4473-5

Ⅰ. G78

中国国家版本馆CIP数据核字第20249MZ253号

做智慧父母

编 著 / 宋建忠

策　　划	王国鸿	封面设计	袁　野
责任编辑	张　翼	责任印制	铁　宇
版式设计	摆渡者文化		

出版发行　新疆文化出版社有限责任公司
地　　址　乌鲁木齐市沙依巴克区克拉玛依西街 1100 号（邮编：830091）
印　　刷　三河市嵩川印刷有限公司
开　　本　710mm×1000mm　1/16
印　　张　8
字　　数　130 千字
版　　次　2024 年 11 月第 1 版
印　　次　2024 年 11 月第 1 次印刷
书　　号　ISBN 978-7-5694-4473-5
定　　价　49.80 元

古语有云："男孩穷养，女孩富养"。这简简单单的八个字，不仅成为一代又一代人养育孩子的金科玉律，更囊括了对子女进行教育的丰富的智慧，穷养出豪杰，富养出淑媛。只要父母能将这种法则运用得当，就能牢牢地抓稳教育下一代的方向盘，并能驶向正确的地方。

男孩和女孩不同的生理结构特征和社会责任的分工决定了他们将在社会上扮演不同的角色，为了男孩和女孩的人生不偏离轨道，就必须对孩子的成长情况及时掌握并加以引导，因为一个人性格的形成、个性的确定，不仅是由先天因素决定的，还受后天接触的环境、父母和学校的教育的影响。从小为孩子选择正确的教育方式，对孩子的未来而言是非常值得的一种投资，赢的将是孩子的未来。

男孩和女孩不仅在外表上有明显的区别，大脑结构也不尽相同，这造成女孩的语言表达能力、声音辨识能力略优于男孩，而男孩的空间想象力则非常丰富。生理上的区别使同龄的女孩往往比男孩发育得较早一些，所以，父母的教育方式不仅要因时而异，还要因人而异，充分考虑到男孩和女孩教育的不同之处。

因此，要培育出类拔萃、顶天立地的男子汉，智慧父母最好的方式莫过于"穷养"。"天将降大任于是人也，必先苦其心志，劳其筋骨，饿其体肤，空乏其身，行拂乱其所为"。要想让男孩将来有所作为，成大气候，成为能担当重任的顶梁柱，即使家庭富足，父母也绝不能对男孩娇生惯养，而是要从小就锻炼他们的心性，培养他们各个方面的能力，从男孩的特质出发，进行教育。有的男孩天生就很顽劣、调皮，有马虎粗心、懒惰的坏毛病，如果父母不能及时加以教育、修整，而让男孩生长出太多的"旁支分杈"，那么男孩未来就难以长成参天的大树。

与之相反的是，即使是再平凡普通的家庭，智慧父母对女孩的教育也要是殷实的。因为女孩生来就比较敏感、心思细腻，可塑性强。女孩需要父母"富养"，但绝对不是完全依赖于物质的满足，而是在精神上和心理上让女孩更加富足，给女孩更多的爱和关怀，让平凡的女孩不平庸，也可以拥有良好的气质和优雅的举止，温柔贤淑，亦勇敢坚强。

目 录

第一章

男孩与女孩大脑结构大不相同

第二章

教男孩做顶天立地的好男儿

第三章
富养，女孩成长的教育良策

第四章
让男孩知道挫折并不可怕

第五章
教男孩如何应对未来

第六章
让女孩拥有自信

第七章
培养女孩独立的精神

第八章
为女孩插上智慧的翅膀

男孩与女孩大脑结构大不相同

　　男孩和女孩不仅在生理上、性格上有截然不同的特征，在大脑构造上也有诸多差别。女孩在语言表达、声音辨识方面有得天独厚的优势，而男孩则具有更丰富的空间想象力。针对这些不同，为人父母们可以有计划、有步骤地对孩子加以训练。

男孩女孩有本质上的差别

很多人都坚定地认为，男孩和女孩的行为主要是受社会和父母的影响。学习的结果使女孩具有了女性的气质，而男孩具有了男性的气质。换句话说，这些人认为无论是男孩还是女孩，生下来的时候都是一样的，本身并没有真正的性格差异，而性格差异是后天教育的结果。

事实真是这样吗？上天赋予我们的男女之别难道只是"外部摆设"而没有任何实际意义？

有一位母亲曾经也像很多人一样，认为男孩女孩其实根本就是一样的。但后来她发现事情似乎并非如此——她有一个女儿，在女儿15个月大的时候，她惊异地发现，这个小女孩居然会抱怨自己的袜子上没有花！

后来，这位母亲又有了一个儿子，她仍然认为：如果她不给儿子玩具枪、不给儿子看电视里的暴力镜头，儿子就不会成为调皮的男孩。但儿子2岁时却拿起一只香蕉对着母亲做"瞄准"动作；3岁时，儿子把她的吹风机当作冲锋枪玩耍。

至此，这位母亲彻底相信了，孩子的天性是天生注定的，作为父母，对待他们的方式不应该是完全相同的。

其实，在生活中，我们也可以发现男孩和女孩有很大的不同，比如，男孩的空间想象能力比女孩好，如果让男孩和女孩一起看一张地图，地图朝北而要去的目的地朝南时，男孩可以不翻转地图便把该走的路线画出来；大部分女孩则需要把地图转过来，才能顺利地找到要去的地方。但是，一旦地图放正了，女孩就能做得和男孩一样好。也就是说，男女空间能力上的差别在空间旋转上，和女孩相比，男孩较易在脑海中将地图方向与目标方向旋转成一致的，从而轻松画出路线图。

另外，把一张纸折成某个形状后，在上面打个洞，请孩子想象：打开复原成一张纸时，这个洞会在纸的哪个部位。实验证明，男孩在这个问题上回答得比女孩好，男孩比较容易按照二度空间的蓝图做出三度空间的实物，而女孩的这种能力较差。

但是女孩在语文方面的能力比男孩强，她们比男孩先学会认字；女孩的语言能力比男孩好；女孩比较伶俐，语言的建构与语法也学得更好。

在小学阶段，班长多半是女孩，因为说话清楚，表达流利。这个现象要到青春期之后，才会发生变化。女孩的沟通能力更强，这个差别在婴儿一出生时就表现出来了——女婴比男婴更喜欢注视大人的脸。

女孩对人际关系有关的信息都比较敏感，如别人脸上的表情、说话声音中隐藏的不悦、细微的肢体动作，而口吃与失读症等语言方面的问题则都是男孩比女孩严重。

为什么男孩喜欢球或玩具车，而女孩比较喜爱洋娃娃？科学研究证明，小男孩与小女孩有不同的玩具偏好，这种差异在孩子出生前就已经注定了。

英国伦敦大学的海恩兹与美国德州农工大学心理学系的亚历山大曾用猴子做了实验。他们给了一群猴子许多玩具，包括布娃娃、卡车以及"中性"的东西，例如，图画书。结果发现，雄性猴子比较爱玩男孩的玩具，雌性猴子比较爱玩女孩的玩具，而对于中性的玩具，如图画书，两性花的时间几乎一样多。

　　由于猴子不可能受到人类文化的社会压力，因此，这个发现意味着：人类儿童的玩具偏好，至少有一部分源自先天的生物性差异。

　　英国剑桥大学巴龙柯恩和他的团队经过实验研究发现，因性别不同，刚出生的婴儿的兴趣就有所差异。

　　他们的实验结论再一次说明：男孩和女孩是带着内建的认知性别差异出生的，他们天生就是不同的。

大脑生长过程很奇妙

科学研究证明，男孩与女孩的大脑，无论是化学组织还是结构组织，先天就存在很多差异。在许多情况下，这些差异影响着男孩和女孩对环境的反应方式。

为了更好地理解男孩与女孩大脑的区别，让我们先来了解一下大脑：

所有动物的大脑都是由左右两个半球组成的。但是，对于一些低等动物（如蜥蜴和鸟）来说，它们的两个大脑半球的结构是相同的。因此，这两个半球所担负的工作也是相同的，如果其中一侧的半球受到重创，另一侧的半球可以担负起另一半的功能，照常工作。

然而，人类不是这样的。人类大脑的两个半球的结构不同，功能也各不相同——其中一个半球负责语言和推理，而另一个半球负责运动、感情以及对时空的定位。

我们的大脑基本上分为三部分：大脑皮层（位于脑的顶部）、边缘系统（在脑的中间）和脑干（在脑的基部）。

数百万年前，我们只有脑干，后来脑干周围出现了边缘系统，接着出现了大脑皮层。因此，在人类进化的过程中，脑干是最先进化的，大脑皮层是最晚进化的。

脑干是我们对选择反抗还是选择逃跑做出反应的部位，它还有控制呼吸和消化的基本功能。

边缘系统则担负着情感的加工处理和直接控制的功能，像交通中的总指挥一样，它控制着我们的知觉、记忆、压力和其他的刺激。边缘系统主要通过位于大脑内部的视丘下部腺体来控制体温、睡眠周期和月经周期等。

大脑皮层，通常也被称为"灰色物质"，主要关系到我们的思维、决定、想象和语言创造。大脑皮层分为四部分——枕叶、顶叶、额叶和颞叶，每部分都是由几十亿个细胞结合在一起的。大脑皮层的这四个部分在生理学上又被分为左右半球，两个半球间有一束神经连接。在这四叶中，还有更小的一叶，称为前额叶。它作为这四叶的其中一部分，位于前额的后面，控制着人的道德和行为规范。

人的大脑发育从胎儿时期就开始了。

在子宫内，胎儿的大脑发育异常迅速，开始时只有几个细胞，经过短短一两个月的发育，就能生长成最为复杂的细胞结构。但直到婴儿出生时，他的大脑仍没有发育完全——仅仅发育了1/3，要经过很长一段时间后，大脑才能发育完全。例如，语言中枢要等孩子长到13岁时才能发育完全。大脑发育基本可以分为以下三个阶段：

第一阶段：脑细胞增殖高峰阶段。

妊娠第八周起，胎儿的脑神经细胞开始增殖，到妊娠第三个月时，脑细胞增殖进入第一个高峰。妊娠3～6个月，是宝宝脑细胞增殖的第一个高峰期。在这个阶段，胎儿的脑细胞以平均每分钟25万个的增长速度急剧增加。

孩子出生时，脑发育好的，脑神经细胞数量能达到1000亿个，赢在了人生的起点；发育不好的，则会因脑细胞数量不足而输在人生起跑线上。

第二阶段：脑细胞增肥和功能发育阶段。

妊娠第七个月开始到孩子出生，是脑细胞生长发育的第二个重要阶段。在这个阶段，一方面是脑细胞数量持续增加，另一方面是脑细胞体积开始增大，树突分支增加、突触开始形成。

这个阶段的重要性在于，是最后一次脑细胞数量增加的时期，一旦错过将导致终生脑细胞数量不足。同时，脑细胞的质量等级也主要由这个阶段决定，这一阶段关系着婴儿出生后的反应速度、记忆力、思维能力，对孩子的智商影响最大。

第三阶段：脑胶质细胞增殖及髓鞘化阶段。

孩子出生后一年内，是脑细胞增长的最后一个高峰期。在这个阶段，脑神经细胞持续增大，神经胶质细胞迅速分裂增殖。脑神经胶质细胞产生髓磷脂鞘，包裹脑神经细胞间互相联系的神经轴突。它是不同的神经细胞之间指挥整个身体传送信息的神经通道，就像传送信息的电线一样，影响着孩子的脑神经信息的传递。

智商高的孩子，都是脑神经细胞和脑神经胶质细胞发育良好甚至优秀。脑细胞和脑神经胶质细胞的数量多、质量高，孩子的大脑才能聪明。所以说，聪明孩子的大脑是从孕期开始，哺乳期长成的。

孩子刚出生时，脑的重量仅有350～400克，大约是成人脑重的25%，不过在外形上已具备了成人脑的形状和基本结构，只是在功能上还远远差于成人。所以，此时的孩子还不会说话、不会自主活动，这些能力需要在日后脑发育的基础上才能逐渐形成。孩子到了1岁时，脑的重量为出生时的两倍，达到成人脑重的50%，两岁时达到成人脑重的75%。

从脑重量增长的速度可以看出，孩子1～2岁时，脑发育是最快的，因此这个阶段是脑发育的关键期。科学研究表明，在这段时间内，孩子最容易学习某种知识和经验，如手眼协调能力、行走能力、对细小物品的敏感性、对社会情感的敏感性、生活的节律性和行为的秩序感等，错过这个时期就不能达到最好的效果。同时，这段时期孩子的大脑也最容易受到损伤，但代偿恢复能力也最强。如果损伤不能得到及时修复，严重的损伤往往会造成不可逆转的后果，影响终身。

大脑的发育受许多因素的影响，如遗传、环境、教育、营养与疾病等，父母要避免一些不利因素对儿童大脑发育的影响。要为孩子创造良好的生活环境，给予其丰富的环境刺激、良好的教育、充足的营养，让孩子的大脑健康地发育起来。

然而，奇妙的事情是，当胎儿还孕育在母体中时，男女胎儿在大脑结构上的差别就非常明显了。其中一个差别是，男孩大脑的发育速度明显慢于女孩大脑的发育速度；另一个差别是，男孩大脑的左右半球之间的联系少于女孩。

男孩左脑发育慢，但右脑发达

我们的大脑皮质是一层薄薄的神经细胞组织，大约只有五六张名片那么厚，但它却主宰着我们的智力。很多由性别造成的行为差异正是源于两性大脑功能分布上的差异，科学研究发现，男性大脑的右边皮质较厚，而女性大脑的左边皮质较厚。

这种差异造成的结果是什么呢？

众所周知，女孩普遍比男孩更早学会说话。这正是因为女孩的左边大脑皮质较厚的缘故——大脑的左半球正是我们的语言中枢。

那么，男孩大脑的右边皮质为什么会更厚呢？

科学研究表明，所有的大脑都是右半球先发育，然后是左半球。然而女性的大脑从右向左发育的速度比男性发育得更快。

男孩的大脑右半球不断发育、完善，试图与左半球建立联系。但是大脑的左半球还没做好与右半球建立联系的准备，导致从右半球延伸到左半球的神经细胞无法进入左半球，只能返回右半球并连接到右半球上。因此，男孩大脑右边皮质发育得更厚一些。

这种情况带来的结果有两个：

（1）男孩的左脑发育慢，所以，男孩小时候往往不能很容易地、流利生动地使用语言。他们需要付出额外的努力才能调动大脑的左半球，找出合适的词来形容他们的感受。

（2）男孩大脑右半球的内部连接较发达，所以男孩擅长数学，对拆卸机器具有浓厚的兴趣，总喜欢把零件扔得满地都是。此外，他们的动手能力比较强，如果遇到操作上的问题，他们倾向于立即采取行动，亲自动手解决，而绝大多数女性更愿意静静地沉思。这都是因为右脑是负责数学、运动、空间感的，而左脑主管推理和沉思。

通过解剖和电脑成像，科学家已经发现，在大脑结构上，男女每个脑叶都有解剖差异。哈佛大学医学院的哥德斯坦与同事测量了一些皮质区的体积，并算出每个区占整个脑容量的比例。他们发现，男女之间存在7个截然不同的区域，在比例上，有些区域女性较大，有些区域男性较大。

比如，在女孩的大脑中，负责表达和处理复杂情感（如忧伤和幻想）的区域更发达；相对而言，男孩大脑中表达和处理简单、直接情感（如恐惧和愤怒）的区域更大。这就是为什么那些让女孩感觉沮丧的东西，男孩却往往无动于衷，而他们更容易在争斗中被激怒。

这些大脑结构上的差别还可以用来解释为什么女孩更容易理解和感受别人的情感，她们在三五岁的时候就能够表现出想问题更加周到的特质。相反，男孩则表现得更加直接和易于对抗，他们经常放弃口头表达而选择肢体动作来解决问题。

女孩左右大脑的特点

教育学家米拉姆·斯托泊德在研究中发现，在集体中，女孩更喜欢跟其他女孩子一起玩具有合作性的游戏，趋向于选择跟读书有关的较为安静的活动。同时，她们对数学及其他同数字相关的活动表现出更大的焦虑。她们普遍很听话，很少受到老师的批评。而男孩更喜欢跟其他男孩一起玩"你追我打"的游戏，他们喜欢那些与数学、空间感相关的游戏，面对一个数学问题往往很执着地要解决它。在得不到注意或遭遇困难时男孩更具有破坏性，所以很容易受到老师的批评。

为什么会这样呢？这都是因为大脑结构及激素的影响，导致男孩女孩显示出不同的行为模式。

通过核磁共振成像脑部扫描技术，科学研究者可以清楚地看到，在进行这些活动时，男孩只用一侧脑半球的一部分思考，而女孩却可以用两侧脑半球同时思考，而且女孩的脑细胞内有很多神经分支。

前面我们已经说过，婴儿出生前后，大脑细胞生长的速度越来越快。彼此间不断建立起新的联系。对于所有婴儿而言，大脑左半球皮质的生长速度比右半球皮质的生长速度慢，但是女婴大脑左半球皮质的生长速度却较快，这是因为女婴体内的雌激素促进了大脑细胞的快速发育。

我们已经了解到，人类大脑的两个半球各司其职，一个半球负责语言和推理，另一个半球负责运动、感情及对时空的定位。不过，这两个大脑半球并非完全独立的，而是依靠神经纤维束连接在一起的，这个纤维束被称为胼胝体。男孩大脑中胼胝体的体积小于女孩，换句话说，男孩左右脑之间的联系是相对较少的，因此女孩同时调动左右脑的能力则更强一些。这就导致了男孩和女孩在生长发育中出现了不同的情况。

1. 情感

因为胼胝体发达，神经连接成熟更早，女孩比男孩更早产生分离焦虑，同监护人分离时的恐惧也更大。而男孩因为胼胝体的不发达，则较女孩显示出较少的分离焦虑。

2. 行为

女孩大脑中的信息传送更快，因此女孩会比男孩更快更早地意识到周围在发生什么，所以女孩子会显得比较乖巧、懂事、听话。男孩直到大脑成熟之前，大脑的信息传送都要缓慢一些。所以，从很小开始，男孩们就会本能地通过玩玩具或爬来爬去探索周围环境来控制分离恐惧，这种行为模式会一直延续到成年，因此男孩对探索有天然的爱好。

3. 学业

女孩的胼胝体发育较早，左右大脑的互相交流就开始得较早，因此女孩在完成需要两边大脑共同合作的任务时，如在阅读技巧上，比男孩更有优势。但是男孩的右脑神经转回右脑之后，丰富了负责数学和空间感的右脑内部的神经联结，所以男孩子的空间感和数学感得到了比女孩更好的发展。

4. 语言

在整个童年阶段，女孩都显示出比男孩更好的语言技巧。她们开口早，语法、拼音、组词、造句，以及以理服人的能力都比男孩强。男孩的语言发展在整个童年阶段普遍比女孩落后不少。当女孩已经能把生词组成完整的句子的时候，男孩还在单个生词之间挣扎。男孩开口晚、造句晚、阅读晚。

第二章

教男孩做顶天立地的好男儿

男孩过于旺盛的精力，使之成为父母眼中的"淘气包"，他们的顽皮和倔强常常让父母头疼不已。所以，男孩的成长，对父母来说是一个不折不扣的巨大挑战。因此，要为他们设定一个特定的过程，用"穷养"的方式练就他们的心性，磨炼他们的意志。

男孩的别名叫"淘气"

六岁以前的男孩，最常做的事情就是"找妈妈"，这个年龄段的男孩大多是妈妈的"跟屁虫"，一刻也不愿意离开妈妈，他们对妈妈有着深深的依恋，一旦找不到妈妈，就会大哭不止。而这个时候，对爸爸却倍加冷落。

婴儿时期的男孩，喜欢让别人抱着，即使是陌生的女性，他们也完全没有陌生感和恐惧感，很乐意被人抱在怀里；他们喜欢有人同自己一起玩，喜欢被人逗得咯咯笑；他们对新的领域有极大的好奇心，喜欢探险游戏，会对小动物产生浓厚的兴趣。尽管有些男孩比较安静，不哭不闹，有些性情则比较急躁。但是，与同龄的女孩相比，他们已经表现出了调皮的特性。

这一时期的男孩，最需要的就是与父母特殊的亲密关系。这一阶段，妈妈最好经常抚摸孩子，和他们交流，这能给孩子最大的抚慰。空闲的时候，爸爸也应该尽量和孩子一起玩耍，与孩子建立起最初的亲密关系。

养好男孩，从哺乳期就应该开始。应该养成良好的喂养习惯。同时让孩子适当地饮水。

三四岁以后，男孩就更加淘气了。当男孩学会走路以后，他们会加快"走"的速度，就像是在奔跑。离开大人的怀抱后，他们会不断尝试着探寻更多的空间。不管前面有什么障碍物，他们都会毫不迟疑地冲过去，一探究竟，哪怕很危险，会摔倒，男孩也依然会爬起来，继续自己的游戏。他们喜欢摆弄各种物件，盖"高楼"，玩冲锋枪，看到小猫小狗，会好奇地试着接触。他们似乎总有使不完的劲儿，和小朋友一起你追我赶，玩着他们的战斗游戏。他们经常会满身是泥地冲回家，经常不洗手就抓起水果往嘴里放……

要养好男孩，就不能一味地放任男孩的淘气，也不要过多地限制男孩。父母在教育男孩时，通常会更加严厉一些。在某些情况下，男孩甚至会受到责骂或体罚，但是，责骂和体罚未必能达到良好的教育效果，甚至会让孩子产生逆反的心理。

父母教育男孩更需要耐心地引导，只要引导男孩养成好的习惯，男孩就能大踏步向前迈进。研究证明，父母与男孩拥抱和说话的次数都远远少于女孩，所以父母要经常和他们进行沟通交流，这将有助于他们的大脑发育及完善，帮助他们更好地适应社会。

尽管男孩有些调皮，做父母的也应该有耐心。当儿子玩泥巴弄得满身是泥的时候，妈妈一定要先克制住自己的脾气，深吸一口气，然后对孩子的成就大加赞赏。这时候，父母千万不要责骂或体罚孩子，但事后应给男孩讲道理，帮助他们改正自己的不良行为。

让男孩认同自己

6岁到11岁的男孩对妈妈仍然比较依赖，但是他们开始把目光转向爸爸。因而，父母的主要任务是通过"穷养"的方式，让他们认同自己，培养他们的品性，锻炼他们的意志，成为独立的小小男子汉。

父母会发现男孩到了6岁左右，变得越来越调皮了。他们整天就喜欢"舞刀弄枪"，幻想着自己像奥特曼一样，也能够成为超人；登高、爬树，这些都是他们的强项。他们常常会因此而把自己弄得脏兮兮的，甚至让自己到处挂彩。父母让他们往东，他们却偏要往西，父母越想控制他们，他们就越叛逆。有些男孩上课时不专心听讲，有时还和同学打架，父母时常会接到老师"请家长去学校"的电话……

的确，男孩有时太不让人省心了。你看看他们那脏兮兮的衣服、乱蓬蓬的头发、臭烘烘的袜子，不细看还真以为他们是从哪个垃圾堆里爬出来的。"哎！"许多妈妈不由得一声长叹，"上天让小男孩出生，难道就是为了给父母制造麻烦的不成？"

其实，男孩大多都好动、好斗，喜欢冒险、喜欢竞争，给老师捣乱，和父母唱反调。不安分的个性正是男孩天生的探索欲、创造欲、领导欲的直接表现。

之所以会发生这些巨大的变化，是因为男孩突然认识了自己，他们希望自己天下无敌，想做一个大人，于是就去模仿他所见过的大男孩或爸爸，即使是那些平时很安静的小男孩，到了这个年龄也要去"舞刀弄枪"。通过各种奇怪的行为表明自己的"男子气"。

有的小男孩还幻想身体突然变得很强壮，有很大的力量可以做各种事情，甚至想像爸爸那样长出胡子来。于是他们通过各种行为来表明自己的身份，例如，在玩警察抓小偷的游戏中，孩子们都争着当警察，因为警察在他们眼中是英雄，是男子汉。因此他们会做各种危险的事情，以证明自己的勇敢。

男孩在这一阶段，开始具备理解他人情感的能力，自尊心也开始增强，比如他们会很重视爸爸妈妈对自己的态度。

男孩开始认识自己后，需要爸爸特别的帮助和指导。当然，在这一阶段里，妈妈也同样重要，男孩仍然很崇拜妈妈，还有很多东西要跟妈妈学。但是，这时他的兴趣在发生变化，他越来越关注作为男人应该具备什么特质，想要从身边的男人身上学习自己想要的东西，以完善自己。此时，妈妈应该以平常心来对待这一切，一如既往地支持孩子，使孩子能感受到母爱的温暖。

男孩天生爱冒险

写有《教育漫话》一书的哲学家洛克认为："当孩子年龄较大之后，他就应该能去做他天性中所不敢做得更勇敢的事。最初要帮助他，以后逐渐让他自己去做，直到练习产生了较大的自信力，做得好了为止。"洛克是要让父母激发男孩的冒险精神，但也有很多父母认为男孩不应该冒险。

男孩的冒险行为一定都是危险和有害的吗？当然不是，在儿童的教育过程中，男孩的行为是走向好的一面，还是走向坏的一面，这是和教育者的引导有着密切关系的。如果父母能够真切了解男孩天生爱冒险的心理，并且采取正确科学的教育方法适时引导，那么男孩的冒险不但不会让他身处危险之中，相反还会提升他的创造力、竞争力，锻炼他坚毅、勇敢的品格，让他的人生变得更加精彩夺目。

不过，很多父母并不知道怎么才能巧妙地应对儿子那些看起来夸张甚至怪异的冒险行为。父母不必太过担心，也许从下面这些方法中你就能找到解决之道。

一位明智的爸爸曾这样对待儿子的冒险行为：

7岁的瑞瑞忽然对电产生了兴趣，有一天，竟然拿着一个小铁丝要去试插线板有没有电，幸好被眼尖的爸爸发现了，但是爸爸没有大声喝止儿子的行为，而是马上来到儿子的身边问："瑞瑞，你在玩什么好玩的东西呢？来，爸爸给你找个更好玩的东西。"于是，爸爸就带着儿子来到了另一个房间，递给他一只测电笔。

瑞瑞拿着测电笔去接触插线板的插孔，结果测电笔上的灯立刻亮了，而当他把测电笔拿开的时候，灯又熄灭了。瑞瑞不解地问爸爸："爸爸，这个灯为什么一会儿亮一会儿灭？"

这时，爸爸才认真地对儿子说："儿子，你手里拿的是测电笔，它可以检测出插线板里哪些地方有电，哪些地方没电，而且它还可以很好地保护人的身体不被电到。如果你像刚才那样拿着小铁丝接触有电的地方，电就会传递到你的身上伤害你，而如果你用带有绝缘体的测电笔去接触，就不会伤害到你。"

瑞瑞想了一下，说："爸爸，如果我有绝缘体保护，是不是就不会被电电到？"

"瑞瑞真聪明，走，爸爸告诉你哪些东西是电的绝缘体！"

可能遇到以上这种情况，大部分爸爸妈妈采取的措施都是打骂和斥责儿子："你这孩子怎么这么调皮，万一电到你怎么办？""臭小子，你是不是想死啊？这多危险啊！""你就不能老实待着，整天就知道让我担心！"

面对父母"劈头盖脸"的一顿训斥，男孩可能会很委屈，因为他只不过是想知道"电是怎么一回事"，但是父母的不良反应会马上打消他探索的积极性，而且越是得不到答案，他就越想知道是怎么回事，于是潜在的更大的危险势必会再次伴随着他。

因此，父母在面对男孩某些看似很危险的冒险行为时，一定要冷静下来，想一想男孩这样做的背后原因是什么，然后站在孩子的立场上去尊重和理解他，和他一起解决遇到的问题。

爸爸是男孩的同盟军

爸爸是男孩心目中的英雄，是男孩积极模仿的对象和学习的楷模，就像无所不能的超人一样。所以，这使爸爸成为男孩的"同盟军"，让男孩感觉到：爸爸是和自己一伙的。

因此，爸爸应该投入更多的时间关心孩子，为男孩提供模仿、学习男性角色的范例。即使工作再忙，爸爸也要抽出周末或者假期来陪伴孩子。有空的时候多亲近孩子，陪他们一起做做游戏，要注意重在参与，不要过于苛求男孩，非要让他们做到最好。那些不太喜欢做家务的爸爸们，平时也应该和男孩一起做做家务。傍晚或周末的时候和孩子一起去散步，有空的时候找男孩谈谈心，毕竟这种男人之间的交谈，能够起到妈妈所不能起到的作用。

一个7岁的男孩，被医生确诊患了多动症，孩子爸爸看了诊断书后得知，孩子是由于没有得到相应的关注才患病的。因为平时太忙了，他很少关注孩子，把抚养儿子的责任都推给了妻子。而他一直认为，只要自己努力工作，在外好好挣钱就行了，妻子会把家庭照顾好的，可是他没想到，孩子需要的不仅仅是他的钱，更需要他的温情。所以，这位爸爸改变了自己的思想和生活方式：孩子放学回家了，跟他一起玩耍；周末，带孩子出去游玩；在平时的生活中，拥抱孩子的次数也多了，说话语气更柔和了。就这样，孩子的多动症不治而愈。

父亲是男孩成长过程中的榜样和特殊的依靠。男孩在很小的时候，就常常因爸爸的表现而自豪："我爸爸是开汽车的！""我爸爸是当警察的，可神气了！谁要是不听话我就让爸爸把他关起来！""这有什么呀，我爸爸是开飞机的，比你们的爸爸都厉害！"

有心理学专家研究证明，男孩与父亲接触的机会越多，在一起的时间越长，他们就越容易形成勇敢、坚强、豁达、乐观的性格。这主要是因为父亲不会像母亲那样对孩子百般宠爱。父亲比较冷静，能客观地面对孩子的优缺点，教会他们应对和解决成长过程中遇到的各种问题，在这个过程中，男孩深受父亲的影响。

事实也证明，缺少父亲关爱的男孩大都有相似的消极人格，比如缺乏活力、缺乏积极性、有逃避现实的倾向、对未来的期望不高、不容易相信别人等，而这些消极的人格特性对男孩的学习和身心健康发展非常不利。

常言道："没有哪个男人比蹲下去帮助孩子的时候站得更高"。父亲的形象是在教育孩子的时候体现出来的，如果父亲不能参与到对孩子的教育中，那么他就不是一位真正的父亲。

男孩眼中的妈妈

很多孩子眼中的妈妈，都是一个特别爱唠叨的形象。唠叨让他们很反感，尤其是青春期的男孩，妈妈的唠叨不仅让他们心生厌恶，甚至还会让他们出言顶撞。所以妈妈一定要注意男孩的这一心理，不要在他旁边喋喋不休。毕竟，本来是好心好意督促孩子学习的，结果孩子不但没能好好学习，还讨厌起妈妈来了。

一位男孩对老师说："我每天都感到很烦！功课很紧，回到家，不仅作业特别多，妈妈还从我一进门就开始唠叨，作业有没有完成，复习得怎么样了，好好学习考上大学，不然就没有出路……每天像念经一样。作业本来就多，我根本没有心思玩，但是妈妈总是说我学习不努力，不用心，没有别人家的孩子好。本来我想静下心来好好学习的，一听她唠叨，思路全都乱套了，哪还能专心学习？"

聪明的妈妈都是不唠叨的，因为她懂得"好话不在多，善言重复不过三"的道理。美味尚且不可多食，吃多了会倒胃口；好话善言翻来覆去地说，也会使人心生厌倦，效果大减。

妈妈的唠叨还会让孩子产生依赖感，慢慢地，如果妈妈不唠叨，孩子的事情就做不好；而批评性的唠叨则容易加重孩子的心理负担，让孩子对自己越来越缺乏信心，甚至产生强烈的逆反心理。

日本东京附近有一个"母亲读书会"，吸引了远近49所中小学在校学生的妈妈。妈妈用潜心读书代替了以前的"喊破嗓子"，言谈中的书卷气息代替了以前的"唠叨"，饭桌上常以谈论知识为话题代替以前空泛的"催逼"，使孩子们的学习兴趣大增，收到了意想不到的效果。

原来，日本的有些孩子不爱学习，妈妈唠叨、催逼、喊破嗓子，却收效甚微。于是，妈妈们自发成立联合读书会，抓紧空余时间读书学习，既为孩子作了示范，又能不断充实自己，同孩子们也有了共同的话题。有些父母缺乏正确的认识，往往采取"说不服就压，压不服就打"的教育方式，结果孩子越来越不服管教了。因为这样形成了父母与孩子之间心理上的对立，使孩子觉得大人"不讲理"，从而拒绝与父母沟通，失去了对父母的尊重和信任。这也是很多妈妈跟孩子交流沟通困难的根本原因。

聪明的妈妈会尊重男孩，不在一些鸡毛蒜皮的小事上计较，会让孩子"自己做主"。在她们看来，"该出口时才出口"，不能事无巨细地一味唠叨。虽然有些事也确实需要经常提醒，但也要精简自己的语言，变单纯的唠叨为饭后沙发上的促膝谈心，或外出散步中不经意的借题发挥，在轻松愉快的气氛中与孩子进行心灵沟通。在孩子心情愉悦时，有些话往往只说一遍就见效。聪明的妈妈往往会掌握这个分寸。

摆脱妈妈的层层保护，男孩才能够更好地成长，也才能够成长为正常成熟的男人，以后才能担负起家庭责任。

第三章

富养，女孩成长的教育良策

　　如花似玉的女孩，生来就应该受到家人的精心呵护。在成长的道路中，女孩经过花季，也会经历雨季，会面对世间的种种美好，也会遭遇意想不到的挫折。她们懂事乖巧，也可能变得叛逆或蛮横，所以，父母应该各尽其责，为女孩定制独特的成长计划。

娇弱的"千金"，淘气的"假小子"

人们常常用"喜得千金"来形容女孩的出生。刚出生的女孩同男孩有些相似，对父母和亲人都十分依赖。随着年龄逐渐长大，女孩的特点逐渐显现，时而娇弱，时而像淘气的"假小子"。

一些父母认为"富养女孩"，就要舍得"砸钱"。似乎从出生那天起就注定，养女孩的成本要比养男孩要高，小时候的女孩抵抗力差、经常生病，慢慢长大，除了正常的花费，还要买漂亮的衣服、书包、玩具等等。但"富养"不是指物质条件，而是精神上的富足。这需要父母在养育女孩时，对一些常识性的知识也要有充足的准备。

婴孩时期的女孩十分娇弱，难以适应气候的变化、抵御外界病菌的入侵。因此，父母为女孩做好保暖防寒和增强机体的免疫力的工作都是十分重要的。许多父母为了"富养女儿"，买各种各样的高价婴儿营养品和护肤品，以使女儿长得更健康、更漂亮，殊不知这样做可能只会起到反作用。喂养女孩充足的母乳，让女孩接触清新的空气和温暖的阳光、清洁的水质以及适合她们的各种天然食物，才是使她们健康成长的保证，才是"富养"的真谛。

当女孩能够独立地行走以后，父母就需要帮助她们认识世界，让她们感受到自己存在的快乐，要呵护好女儿智慧的嫩芽，保持她们对事物的好奇心，让她们主动地去认识自己周围的人和事。

莎莎是一个还不到两岁的小女孩，每天都吸着奶嘴，像小大人似的围着妈妈走来走去。莎莎的妈妈在家照顾孩子的时候，不像别的女孩的母亲，生怕孩子磕着、碰着，整天把孩子放在家里，而是经常带着莎莎去外面玩，小家伙晒得黝黑黝黑的，像个"假小子"一样。

妈妈出去买菜的时候，就把她放在婴儿车里，推到附近的市场。小家伙不吵不闹，一边吸着她的奶嘴，一边看着市场来来往往的人群，看着妈妈买这买那。

一次，妈妈正忙着洗菜。莎莎居然模仿妈妈的样子，拎起了刚买的土豆，从屋子里走到厨房。土豆有两斤多重，小家伙提得很吃力，但还是一个不落地拿到了妈妈的旁边。

女孩天生的超强的记忆力和模仿能力，有时让父母都感到惊讶。对此，妈妈一定要注意让她们参加早期教育和做感官训练。早期教育为女孩以后的全面发展奠定了多方面的基础，也使后期的教育变得更加轻松。

当女孩学会说话时，便开始显露出她们天生的语言能力。她们有着强烈的求知欲和好奇心，总希望得到他人的赞扬与喜爱。她们总喜欢不停地问问题：

"妈妈，小鸟有家吗？"

"爸爸，你今天能不能给我讲个故事呀？"

"姐姐，你可以带我一起去上学吗？"

有时候，父母可能对她们的这些问题感到比较厌烦。但是，一定不要训斥孩子，用粗暴的方式对待孩子的提问，而要保持微笑，认真地回答孩子提出的每一个问题，因为这直接关系到孩子以后的兴趣与求知欲。

父母要"富养"女孩，孩子的成长是不可重来的，必须时时给予关心，才能赢得女孩的信任，让女孩更好地成长。

富养的女孩不庸俗

富养的女孩，优越、精致、有格调，因为眼界开阔，胸怀自然宽广，不会在大千世界中乱了方寸，为贪图一点蝇头小利而作践自己；她们有健康向上、积极正确的情感道德观，不依附别人，不会在物质利诱面前失去真我；她们独立、明智、有主见，自尊自爱，坚守自己的爱情信仰，典雅而矜持；她们注重品德修为，关心时事，热爱艺术，对生活充满真诚，从不懈怠对内心世界全方位的护理，让自己"腹有诗书气自华"、丰富、出色、文雅、内秀；她们清醒、平和、感恩、用慧眼看待世界，用知识装点自己，用思想武装自己。懂得什么是优秀的，什么是卑劣的。总之，富养的女孩不庸俗，可谓"红尘中的浮华不变其志，俗世里的纷争不近其身"。

那么，身为女孩的父母，应该怎么通过富养培养出一个不庸俗的女儿呢？父母要明白，女孩子有女孩子的培养方式，只有充分认识到女性身上特有的性格优势，以及其无法避免的性格缺陷，并根据社会对女孩的需要来进行培育，才能培养出优秀、优雅的女孩子。

1.首先要让女儿自信，自信的女孩最美丽

女孩子是否拥有优雅的气质，很大程度上取决于她是否拥有自信。一个自信的女孩子，她的言行举止之间自然会流露出超乎常人的坚定、果敢，而这恰恰是形成典雅气质的基础。为了培养女儿的自信、培养女儿的典雅气质，父母可为自己的"小公主"订立两个对她们一生都至关重要的原则：

走路的时候抬头、挺胸、收腹。女孩子是否高贵、是否自信，会很大程度地体现在她的形体展现的方式上。因此，女孩的父母一定要让孩子从小就养成抬头挺胸走路的习惯，这是培养女孩子高贵气质的一个最基本要求。

说话的速度要适中，不要太快，也不要太慢。女孩子的气质，很大程度上会通过语言展露出来。女孩子说话太快，会给人聒噪、不安等不自信的感觉；说话太慢则会给人拖沓、无主见、柔弱的感觉，而适中的语速，恰恰是展现女孩子典雅气质的最好方法。

2.多种方法齐用，增长女孩子的见识

提升女孩子品位的最好方法，就是增长她的见识。增长见识的方法有很多，比如旅行、读书、学习一些才艺等。只有女孩子掌握的知识增长了、判断能力增强了，她才真的不会被外界的种种诱惑所诱惑。

可以让女孩去旅行，旅行能让她们增加见识，或是发现某些更符合自己内心愿望的爱好，真正见到的景物比只在书上看过或者听人说过更有触动性。扩大了见识的孩子会比没有见识的孩子胸怀更广，更有解决问题的能力。当小孩子在见识中找到了自己的爱好，那么就有了内在的动力去追求自己的目标，而不是只依赖父母的决定。

培养女孩的艺术情趣，比如，可以让女孩学习舞蹈，当女孩随着音乐起舞的时候，她们的音乐感、音准、韵律、对节拍的敏感度和数学逻辑都得到了提高，脑部及身体协调能力也得到了锻炼。女孩的谈吐和外在形象将在很大程度上决定相互间的差异和优势。因此，要让女孩在享受艺术美的同时，潜移默化地提升自身的素质，陶冶情操。

让女孩多读书。书是人类进步的阶梯，读书可以让女孩见闻广博，充满知性的魅力。

3.看重培养女孩的兴趣

父母要对孩子的一些兴趣进行积极的暗示，发现孩子的长处，然后着重培养。很多父母只看到女孩调皮或是顽劣的一面，为孩子的胡闹而头疼，因为怕麻烦而不给女孩锻炼的机会，却没有注意到女孩所展示出的才华；更没有意识到，女孩的才华就像矿石一样，如果不被发现，就失去了闪亮的机会，在无形之中扼杀了女孩的艺术创造力。

曾任微软公司全球副总裁、谷歌全球副总裁兼大中华副总裁的李开复先生，在教育女儿方面有自己独特的见解。

李开复有两个女儿，16岁的大女儿擅长文学诗歌，12岁的小女儿自信活泼、擅长创作。她们都是李开复的骄傲。李开复经常对她们说的是："做我的女儿，不必乖，但要积极。我不认为孩子只要乖、听话就是好事。"

教养子女有许多需要重视的原则，但如果只能挑选其中最重要的一件事，李开复会说是培养孩子的积极性。有了积极性，其他的特质如理智、快乐、自信等，就可以自然而然地随之掌握。

今天的世界已经不一样了，那些消极被动，只知道听话，或害怕处罚的孩子，在进入社会后往往会觉得非常迷茫，不知所措，会习惯性地依赖别人告诉他们应该怎么做；但当一个孩子有积极性的时候，无论是要读书，要实践学习如何找工作、找兴趣，其他的事就都可以自己安排，当他有了积极性之后，就可以自己设计了。

虽然做父母的都想要把子女呵护一辈子，但这是不可能的，因此培养他们积极独立的能力是非常重要的。当然，并不是说当孩子3岁的时候，就让他独立。当孩子还分不清楚对与错的时候，父母还是要引导，但是父母要学着慢慢去放手，慢慢地让孩子自己去决策。

许多父母都希望孩子乖，如果乖就是听话，听话就是要你做什么，你就做什么，从这个观点来看，李开复不希望自己的孩子太乖，他希望女儿们有独立思考的能力。

不听父母的话，是因为孩子们知道，孩子有权利来跟父母讨论一些事情。普通人总是把"听话"当成一个孩子的优点。但是李开复希望女儿不要只做听话的孩子，而是成为有独立思考能力的孩子。听话的孩子可能只是盲从，而不见得懂道理。

父母要明白，内涵才是让一个女孩优雅的资本。女孩子虽然生来就是要装扮这个世界的，可是容貌绝不是女孩子的全部资本，没有积淀的内涵，女孩子的美貌最终会流于世俗，并成为阻碍其前进的障碍。父母要看到女孩子的爱美之心，不可极端地遏制孩子对美的幻想，但是要引导孩子走向更深邃的内涵美的境界。要想培养女孩子的典雅气质，就需要父母多用心、多引导、多付出，真正实现概念宽广的"富养"，一方面要给女孩多看、多做、多练的机会，另一方面也不能违背女孩的意愿，主观决定女孩的"一技之长"，无谓的压力毕竟不是成才的最佳方案！总之，女孩还是要"富养"，"富养"的女孩不庸俗！

从多方面入手培养高贵的气质

在社会上，具有高贵气质的女孩是最受欢迎的，因为她们举手投足间都带有一种美感，这种气质与修养对任何人来讲都是一种永恒的风采。那么，我们该怎样提升女孩的气质呢？

1. 要让女孩明白生活不是童话，教育她们要用知识武装头脑

不可否认，在男女同工同酬的社会中，女孩长大后不仅要养活自己，还要照顾家庭，这些现实问题都要求女孩用知识武装头脑，因为没有任何利器能比知识更加有效、锋利。

知识改变命运，对女孩而言，知识还能够不同程度地影响其思想、性格、爱好、性情等各个方面。

2. 让女孩学会自我欣赏，接受自己，接受五彩缤纷的世界

"人非圣贤，孰能无过"，世上根本就没有完美的人，因为这个世界本身就是不完美的，但是女孩可以用优雅来弥补自己的不完美，完善自己，形成独特的风格。

女孩在成长过程中，总是避免不了要与形形色色的人打交道，此时，父母就可以未雨绸缪，提前锻炼女孩的处世能力，引导女孩客观地看待周围的人和事以及身边出现的各种现象。

3. 女孩的身体健康也很重要

运动能使女孩获得健美的身姿以及一份好心情。美不仅是健康的精神美，还包括健康的身体美。适当的运动和阅读都能提高女孩的魅力，这是女孩变美的两大法宝。对于青春期的女孩来说更是如此，运动能使她们在成长中汲取更多的营养，并让她们懂得自然美才是最美的，同时还要坚决抵制节食或厌食症的发生。

可心并不是一个漂亮的女生，但是却有一种古典气质，她的父母亲都是音乐老师，所以可心从小就学习古琴，在家庭环境的熏陶下健康成长。在学校，可心是老师眼中的好孩子，不仅学习好，而且聪明果断，组织能力也很强，还经常帮助成绩差的同学。就是这样一个女孩，却在一个星期日晕倒在厨房里，后来医生告诉她的父母，她因长期节食而患了厌食症。

可心并不胖，但是这个才华横溢的小女孩却总是觉得女孩应该拥有纤细的身姿，这样才能赢得更多的目光。她忽略了自己的魅力和才华，而把目光放在了一些无足轻重的问题上。

很多女孩都不懂得自我欣赏，她们总是有意贬低自我价值，对自己的身体感到不满，不是嫌自己眼睛不够大，就是嫌自己的身材臃肿，总是认为长相甜美、身材高挑的女孩才会讨人喜欢。父母必须正确引导女孩摒弃这些错误的价值观，告诉她们，爱美之心人皆有之，但是不应该否定自己的个性，美丽的标准应该由她们自己制定。

从来"富贵"多淑女

女孩是蕙质兰心的，是玲珑雅致的，是由内而外散发着馨香的花朵，它体现在优雅的举止，从容的微笑，得体的礼貌上，而这些都离不开父母的辛勤培育。女孩要内外兼修，才能成为一位知书达理的优秀女性！

一个举止优雅和一个举止不当的小女孩相比，多数人都会喜欢前者，因为这样的女孩举手投足间都会表现出一种女性的特质。所以，作家常常用静若幽兰、芬芳四溢、燕语莺声来形容女孩别具一格的美。

熟悉岚岚的人不是叫她"假小子"，就是叫她"疯丫头"，因为她无论是性格还是着装，都像个男孩一样。

整日混迹在男孩堆中的岚岚天生就具有豪爽的性格，她并没有觉得这有什么不好。而在妈妈看来，岚岚每天玩得很疯，衣服只要合身、干净就行，所以，从小到大，妈妈只给她买一些颜色较重或是样式比较中性的衣服。在父母看来，女孩如果对服装和外貌过于专注，势必会显得轻浮。

现在处于青春期的岚岚渐渐感觉很喜欢和东明一起玩，于是，她总是找机会和东明接触，对此，朋友们总是拿她和东明开玩笑，一向大大咧咧的岚岚虽然有些羞赧，但还是无所顾忌地继续与男生们嬉戏玩闹。有一次，岚岚和东明坐在草地上聊天，正巧遇到了经常一起玩的好朋友，于是，他们三三两两地起哄说道："岚岚喜欢东明！"

岚岚只是大笑着追打那群伙伴,此时,东明却笑着说:"她这样男不男、女不女的,一点女孩子的样子都没有,又怎么会喜欢我呢?"

虽然同学、朋友经常拿类似的话说岚岚,她也从来就没在意过,但这次听东明这样说自己却非常伤心,仿佛一下子跌入了冰窖!

岚岚率真而开朗,可是随着年龄的增长,如果女孩子还是一副疯疯癫癫、肆无忌惮的样子,那么,就很可能影响人际间的交往,甚至对婚恋造成极坏的影响。因此,"富养"女孩的父母一定要适当地给女孩灌输一些必要的礼仪和修养方面的知识。

要女孩注意自己的仪表,不是要让她过分地注重自己的外貌和穿衣打扮,也不必过分地培养她的审美和鉴赏能力,更不必让她把大好的时间都浪费在镜子前。父母应该告诉女孩,从外表到精神,女孩都应该能体现出高雅的气质和修养。那么,父母应该如何培养女孩的仪表修养呢?

1. 容貌干净整洁,精神饱满热情

女孩的优雅和修养不是靠物质堆砌出来的。如果仪容不整、没有饱满的精神,再怎么打扮也显现不出女孩独特的气质。

2. 谈吐文雅,呵气如兰

文雅的谈吐是女人聪明、有教养、有才智的体现。相貌美丽的女人如果满口粗话,也一定会令周围的人失望至极。所以,在公众场合讲话,除了要注意语速、语气、语调之外,更切忌高谈阔论、手舞足蹈,过多的动作反而会适得其反。

3. 窈窕挺拔的仪态

修养有度的女孩往往在举止方面严格要求自己。站立时,她们通常会亭亭玉立,优雅自然。身为女孩,最忌讳的就是站没站样,坐没坐相。

女性教养的程度和自身素质的高低是衡量社会文明程度的重要标

准。因此，父母要明白"富养"女孩的必要性，努力从多方面培养女孩的气质，并以身作则，随时向女孩讲解优雅的要点，改正其不足，让每个"小公主"都做一个有教养的女孩！

第四章

让男孩知道挫折并不可怕

　　"天将降大任于是人也，必先苦其心志，劳其筋骨，饿其体肤……"只有勇于面对生活中的挫折和磨难并努力克服，并继续迎接下一个挑战，才能成为最后的赢家。父母们要锻炼男孩战胜挫折的勇气和能力，只有经历过挫折洗礼的男孩才能笑对一切风云变幻，创造一番自己的宏图伟业。

男孩也有弱势的时候

男孩的精力旺盛，永远没有安静的时候。让父母头疼的是，男孩在上课时也无法安定，不认真听课，作业本扔来扔去，对老师的批评不闻不顾。

朋朋是个小学生，上课总是不认真听，虽然老师反复提醒，他还是控制不了自己，小动作不断。一等到放学，就像个刚出笼的小鸟放飞到了大自然，整天玩不够，可是一写作业就磨磨叽叽，撕了写，写了撕。在家做功课时，他总是一会要吃东西，一会要喝水，一会又要去厕所，坐立不安，父母对此烦恼极了。

对男孩的这种情况，有的父母当作天大的事来对付，对男孩非打即骂，恨铁不成钢，但矫枉过正，男孩还是我行我素，成绩更差；而有些父母认为，男孩小学时调皮没关系，中学时成绩就会赶上来，什么也不影响，还是顺其自然的好。

这两类父母的做法都是错误的，男孩不喜欢上课，父母应该首先考虑男孩为什么上课这么容易"溜号"，怎么让他集中精力听课。建议父母采取以下三种方法，把上课"溜号"的男孩给拽回来。

方法一：及时鼓励，帮男孩找回学习的兴趣

男孩上课不认真，主要还是因为他对学习没有兴趣。爱因斯坦说过："兴趣是最好的老师。"成绩好的男孩，就是由于对学习有着浓厚的兴趣。父母要想办法帮助男孩找回学习兴趣。有些兴趣是天生的，但更多的兴趣还是环境、人为等多种因素影响下产生的。为什么男孩会没有学习兴趣呢？他们一会儿搞怪，一会儿和周围的同学说话。学习对他来说成了枯燥无味的事，无法满足他与生俱来的对新鲜事物的挑战和探知欲。

阳阳对数学很感兴趣，他的数学成绩在班里是第一。平时，他也很崇拜邻居家学奥数的哥哥。有一次因为失误，他考了全班第二名，便不愿上数学课了，老师看后非常着急。

阳阳显然是暂时失去了学习数学的兴趣。聪明的妈妈见他这样，就把一道数学题给他："阳阳，这是邻居哥哥的作业题，你快来看看，帮帮哥哥，他在家都急坏了。"阳阳马上来了精神，趴在桌上认真做了起来，一会儿就完事了。妈妈很高兴地夸奖他，还意味深长地说："看来奥数哥哥也有做不出来的数学题啊！"阳阳自己也很得意，从此以后，学习数学的兴趣又激发起来了。

孩子在快速的成长期，对事物保持的兴趣也是不稳定的。所以，父母要帮助孩子保持兴趣，在他获得一点成就时，适当地给予肯定和鼓励，会给孩子很大的信心。当兴趣成为一种习惯，孩子就会自己把握。

方法二：良好的学习氛围让男孩成长得更快

妈妈催阳阳去写作业，阳阳还想再玩会儿，就说："爸爸为什么还看电视？"阳阳爸爸说："大人的事，小孩子不要管，快去写你的作业。"阳阳听后非常不情愿。

阳阳妈妈走到阳阳爸爸跟前，小声说："大人都做不到的事情，怎么要求孩子做到呢。"阳阳爸爸起身说："关电视了，现在是学习时间。"说着自己拿起一本书安静地看起来。阳阳这才痛痛快快地写起作业来。

父母是孩子的第一位老师。日常生活中的"言传身教"都在潜移默化地影响着孩子的成长。现实中，男孩的成长不会因为强行说教而茁壮。做父母的在培养男孩时，更要注意为他树立一个好的榜样。

方法三：把竞争意识转移到学习中来

男孩天生具有挑战意识，对新奇的事物总是充满好奇。卸钟表、拆玩具，研究"飞机""坦克"，忙得不亦乐乎。但很多男孩的挑战意识在学习中表现得并不强，这就需要竞争的刺激才能把他的潜能充分发挥出来。因此，父母要鼓励男孩多参与学校和班级的活动，比如，多参加讲演、书画等比赛活动。通过这些活动参与竞争，从中得到锻炼，在竞争的环境中体验快乐，使自己的特长、个性、自信不断得到张扬和发展。男孩的竞争意识增强了，学习也就成了一项很有趣的挑战。

给男孩失败的机会

中国近代教育家陈鹤琴先生说："不要担心失败，应该担心的是，为了怕失败而不敢做任何事"。对男孩来说，成功的经验固然非常重要，但失败的经验也是必不可少的。如果一个男孩一遇到挫折就灰心丧气，长大后也必定会知难而退。父母在日常生活中一定要给男孩体会失败的机会，这会为他的成功奠定基础。

父母都希望自己的儿子能够成功，所以他们总是护着男孩，想让男孩永远生活在顺境里，结果却使他们产生了只能成功不能失败的心理。可是没经历过失败，当真正面对失败时往往会手足无措。父母应该知道，男孩在成长的过程中，终究有独自面对失败的时候，倘若不给他尝试的机会，男孩最终也不会变得成熟起来。

有一次，阳阳看到水壶里的水烧开了，在煤气灶上烧得响起来，爸爸用一块毛巾垫在手上，把水壶拎了下来。阳阳也想这么做。但对只有5岁的阳阳来说，这是件十分危险的事情，他可能会因为拿不住水壶而烫到手，还可能会把整壶开水浇到自己身上，造成大面积烫伤甚至引起生命危险。

阳阳爸爸明白，阳阳已经开始对水壶感兴趣了，他本来也同意阳阳妈妈说的话，不让阳阳接近烧开的水壶。但是他转念一想，他能做到让阳阳在自己视线范围内不去动装满了开水的水壶，可是谁能保证阳阳在自己的视线之外不去提那个水壶呢？所以阳阳爸爸决定让他尝试拿水壶，即使失败了，也可以让阳阳增长失败的经验，知道提开水壶会有怎样的危险，也好让阳阳有避开这种危险的意识。

于是阳阳爸爸把壶中的水换成温水。他告诉阳阳，水烧开的时候蒸汽会把把手熏烫，所以要垫上东西才可以拿，而且里面的水很烫，只有不让水倾倒出来才能保证安全。

阳阳头一次尝试的时候，也像爸爸一样用单手去提水壶，结果却把半壶水都浇到自己身上了，因为是温水，阳阳只有胸膛和手臂被打湿了。阳阳不愿再试了，他害怕地说："爸爸，我不想拎水壶了，我觉得这很危险。"

这时爸爸告诉他："你的失败只是因为力气不够，如果你用两只手就没有问题了。"说完，爸爸又为阳阳换了一壶温水。阳阳还是有些退缩，阳阳爸爸鼓励他说："你应该再试一次，我相信你能做到的。"在爸爸的指导和鼓励下，阳阳又试了一次。这次，他安全地把水壶拎了下来。

阳阳爸爸的教育观念很明确：让孩子有失败的机会，他才可能在面对失败的时候一次又一次地改正错误，直至成功，这不仅能让孩子掌握一种能力，同时也是教给他一种人生态度。

可见，把孩子过分地保护起来对他们的成长是不利的，如果父母总是剥夺男孩体验失败的机会，他们又将怎样面对以后人生中的失败呢？

在现实生活中，每个人都会遇到各种各样的挫折和失败，这样就会让没有经历过失败的男孩在心理上产生矛盾。因为父母可以帮助他们避免一次失败，可是当多次失败来临时，父母照顾得再怎么周全，孩子都难免被失败所伤。所以最好的解决方法就是让男孩承受一定的挫折，并引导他们在挫折中找到自己失败的原因，以便重新开始，这样可以帮助男孩锻炼意志，增强毅力。

摔打男孩要讲究技巧

英国著名儿童心理专家卡特·邦奇说："过于幸福的童年常常会造成不幸的成年。很少遭受挫折打击的男孩，长大后会因为不适应复杂多变的社会而深感痛苦。"近年来，旨在提高男孩心理承受力的"挫折教育"已在我国教育界有了较大的影响，这种教育的核心就是培养孩子正确对待挫折的心态，使其掌握应对挫折的方法，从而更好地适应复杂多变的社会。

面对挫折的良好心态，是从幼年和青少年时期不断受挫和解决困难的过程中得来的。经历的挫折越多，男孩往往越珍惜身边的幸福。当然，这里所讲的"挫折"，更多的是指外部环境的刺激，比如挑战失利、遭受嘲讽、遭受精神打击等。作为父母，应该在把握大方向的前提下，尽可能地给男孩提供各种挑战的机会，哪怕男孩被撞得头破血流、羞愧得无地自容，你也要在背后鼓励他们"在哪里跌倒，就要在哪里爬起来"，而不要一厢情愿地为孩子提供"风平浪静"的环境，让男孩失去"受挫"的宝贵机会。

男孩对于"受挫"经历的感受是刻骨铭心的，他能从中悟出现实的道理，得到宝贵的经验。每个父母都应该清醒地认识到，自己不可能呵护男孩一辈子，男孩最终要在社会的"摔打"中不断成长起来。

有时候，"挫折"是一种催人奋进的力量。有一位姓于的中国台湾著名女作家，国中时就想考进台大外文系，但是当时的国中英文老师毫不客气地说："于小姐，就你这种英文水平，也想考台大外文系？"说罢，便把她的英文试卷扔到地上。那一刻，她忍着难堪和屈辱迅速捡起试卷，转身跑到校内的树林里哭泣。哭完之后，她暗暗发誓，她不但要学好英文，还要用英文写作，让那个老师后悔自己今天的做法。后来，她发奋苦读，在美国不仅拿到了英美文学的学士学位，还在大学里教美国学生用英文写作。回到母校后，女作家找到昔日的老师，老师很欣慰地说："我很高兴当时的激将法起了作用，我知道你骨子里有一股不服输的劲儿，只是需要一种力量把它激发出来！"其实，女作家心中早已没有了当年的怨恨，取而代之的是由衷的感激，她对老师说："真的要谢谢您！要不是当年您的那番话刺激了我，恐怕我也不会取得今日的成就！"

的确，挫折对于每个人都能产生巨大的影响，它既能激发一个人的潜力，也是一个人要获得成功不可缺少的历练。

在美国，有一个叫沃伦的年轻人，从初中起，他每逢周末或者放假就去父亲的工厂里打工，用得到的工资偿还父母为他支付的学费和生活费。在工厂里，沃伦没有"太子爷"的一切特权，与其他的工人一样排队、打卡上下班，月底凭车间给他评定的质量分和工作完成情况结算工资。有一次，他因为公车晚点迟到了两分钟，就被扣除了当月一半的奖金。当小伙子终于熬到大学毕业，认为自己可以接管父亲的公司时，父亲非但没有同意他接管公司，反而苛刻地说："我认为你既没有管理能力也缺乏实践经验，我给你提供两种选择：要么继续待在公司，从最低的职位干起，要么去别的公司里打工！想接管公司，你还差得远呢！"沃伦心想：我从小就在你的公司里打工，现在还让我继续干这种低贱的活，真是见鬼了！他一怒之下离开了公司，去外面另谋生路。

被父亲"逼"出家门后，沃伦基本上是孤家寡人，必须从头开始。没有父亲的资产作为担保，他无法去银行贷款做生意，只得去给别人打工，后来因为人际关系不佳，他被排挤出了小公司。失业后，沃伦用打工积蓄的一点钱开了一家小店，由于小店的生意不错，一年后他卖了小店，开了一家小公司，后来小公司慢慢地变成了大公司。然而不久之后，他的公司因管理不善倒闭了。

这件事对沃伦的打击很大，他终于明白了父亲当初对自己的判断是正确的。不过他没有灰心丧气，而是积极总结打工和经营过程中的经验教训，决心挺起胸膛，从头再来。此时，父亲却出人意料地找到了他，决定让他接管自己的公司，沃伦非常不解。父亲解释道："儿子，你现在跟几年前我所预测的结果一样，但是你经历了最宝贵的挫折，积累了丰富的经营与管理的经验，这正是你接管公司必不可少的一种经验。要知道，做任何事不经受一番挫折，是干不好的！"

沃伦深情地拥抱了父亲，严肃地说："我没想到您一直都在关心我的发展，但是我早已经明白了您当初的决定是多么正确！父亲，我一定会把公司管理好的！"

果然，沃伦没有辜负父亲的期望，将父亲的公司发展成了一家全球瞩目的大公司。他就是伯克希尔·哈撒维公司的总裁——"股神"沃伦·巴菲特，他的父亲正是著名的证券经纪人兼共和党议员霍华德·巴菲特。

这正是"未曾清贫难成人，未经打击老天真。自古英雄出炼狱，从来富贵入凡尘"。老巴菲特通过一番挫折教育，使得小巴菲特对于现实的困难和成功的难度有了清晰的认识。所以说，人生多经历一些失败的磨砺不见得是坏事，尤其是对于男孩而言，更是一笔宝贵的财富。挫折使男孩积累经验、增强毅力，更加热爱和珍惜自己的事业，并且学会了如何为人处世，知道了如何做自己的事业。

优厚的物质条件，并不是男孩未来优秀的保障。相比之下，挫折教育更能使男孩适应未来的生存挑战。印度前总理甘地夫人认为："教育的目的就是培养男孩健全的个性，使他们以后能够从容不迫地适应生活中的各种变化。作为父母，我们必须帮助男孩平静地接受挫折，培养自我克制的能力。"

挫折教育就是培养男孩对待挫折的抗打击力。乐观的男孩不是没有痛苦，而是能够很快从痛苦中振奋起来。人生就是一场与挫折较劲的漫长之路。在这条路上，一帆风顺者寥寥无几，经历曲折坎坷者总是居多。有句名言说得好，"通向成功的路，即把你失败的次数增加一倍"。值得喝彩的人生，是在艰难困苦中依然昂首挺胸、屹立不倒的人生。男孩们必须坚强地面对自己不如意的一面，甚至是耻辱。只有这样，他们才不会轻易地被未来的挫折击败。

当然，挫折对于男孩毕竟是一种负面刺激，父母应当讲究技巧，正确引导男孩正视挫折，使其克服由此带来的不愉快、沮丧等不良情绪，帮助男孩战胜自卑，走向自信。如果能够把每一次失败都消化掉，转化为有益的"营养"，那么男孩就能化消极为积极，变自卑为自信。

这样，迈过挫折这道门槛，男孩便能早一些坚强、成熟起来，今后的人生便会少一些弯路，少一些磨难。毕竟，"先苦后甜"才是成功人生的铁律。

男孩必备抗打击能力

在孩子一天天成长的过程中，他的很多个"第一次"都为父母带来无限喜悦：第一次走路，第一次叫爸爸妈妈，第一次……可是唯独一种第一次，父母总希望它来得晚一点甚至永远不要来，那就是他们第一次遭遇挫折和失败。

孩子都会经历自己人生中的种种第一次，但第一次并非总是令人快乐的，比如挫折和失败。虽然父母都希望看到自己的孩子能够笑着面对考验，可这并不是每个孩子都能做到的，尤其是当代的独生子女，从小受宠惯了，抗打击能力非常差，甚至经不起一点挫折。这主要是因为父母为孩子包办得太多，他们过分依赖父母，遇到问题只会躲在父母身后。

张平自从中专毕业后就一直在家待着，他不想去上班，甚至连家门都不愿出。他十分自卑，也怕见陌生人，脾气有些暴躁，动不动就对别人大发脾气。张平的妈妈对此苦恼不已，她逢人就说："如果有人请他工作，我给那个公司工资都行。"

其实，张平小时候是一个性格开朗的男孩，学习成绩也很好。有这么个乖巧的儿子，父母自然对他"百依百顺"。只是初中时的一件事，改变了他的性格。那年班里评选班干部，张平满心欢喜地认为自己可以当选，但后来老师没有选张平，而是选了一个他认为不如他的同学。这件事对张平的打击非常大，他放学回家后一句话都不说，就躲到了自己房间里。第二天，张平才把这件事情告诉了妈妈，可是妈妈当时因为工作忙，也没顾得上开导他，从那以后，张平就像变了一个人似的，变得沉默寡言，不喜欢参加课外活动，也不喜欢学习了，他似乎对所有的事都提不起兴趣，甚至在街上看见熟人都会绕着走。

张平初中毕业后勉强考上了一所中专，住到了集体宿舍，可是刚刚住了几天，张平就嚷着要回家。父母见孩子非常可怜，就去陪读。可是张平中专毕业后性格更加孤僻了。他整天沉默寡言，长时间发呆。现在张平的父母对他没有更多的要求，只希望他能像正常人一样健康快乐地生活。

常言道：惯子如杀子。有时，只有不给男孩留下任何回头路，才能锻炼他们抗击风浪袭击的能力。动物界有一种教子理论很值得人类学习，刚出生时，动物对孩子百般疼惜，含在嘴中，护在翼下，可是等孩子大了，就会把孩子赶离身边。但无论哪种形式都体现了它们对孩子的爱，只是表现形式不同。毕竟父母不能保护孩子一辈子，要让孩子学会独立前行，有足够的心理承受能力来面对困难，因此，父母应该有意识地培养男孩的这种能力，而不是把所有的东西都为男孩事先准备好。

可以说，有了人类就有了挫折，人类同挫折的较量正是对人类意志力和生命力的全面考验，挫折一旦降临，无论你愿不愿意都得去承受。但这种承受有心理主动承受和心理被动承受之分，对待痛苦和灾难，有的男孩首先表现出来的是不相信自己，因此选择逃避，而有的男孩则会将困难视为动力，努力克服，进而成就自我，从某种程度上讲，男孩对待困难和痛苦的态度是衡量他们能力的标准。

缺乏抗打击能力的男孩往往会把他们遇到的失败归结到一些无法改变的原因上，比如我太笨了或者我做不好这件事……可是抗打击能力强的男孩看问题的方式就截然相反，在他们心里，失败只是暂时的，而且并不一定是自己的原因。

两个 3 岁的男孩受到了同样的打击，都哭着从幼儿园回家向父母倾诉。一个说："果果不给我玩他的小飞机，因为他不喜欢我。幼儿园里的小朋友都不喜欢我。"另一个则说："果果不给我玩小飞机，他太小气了。"

显而易见，第一个孩子在抗打击能力方面要比第二个孩子差，当然，面对难题的不同反应和他们的性格与脾气也有一定关系，可是作为父母，完全可以帮助自己的孩子提高韧性和抵抗挫折的能力。每个男孩都可以很好地抗击生活中的暴风雨，关键在于父母是否能给他创造合适的机会。以下为父母们提供了塑造挫折抵抗力强的男孩的几条建议：

1. 鼓励男孩尝试新的目标

稍大一些的男孩有时会拒绝尝试他们认为困难的事，可是假如父母给他们定的目标只是"试一试"而不是"成功"的话，男孩就比较容易接受了。

5 岁的明明开始非常害怕参加学校举办的钢琴比赛，可是爸爸告诉他："你不一定非要取得什么成绩，我们只是让你去学习怎样在很多人面前演奏。"最后，明明高兴地去参加比赛了，而且成绩还不错。

明明父母的教育技巧就是：哪怕是一次失败的机会，也要让男孩从中有所收获。

2. 自己先快乐起来

男孩的抗打击能力有多强，有时候取决于父母面对挫折的态度。另外，父母的幽默感也非常重要，能够以轻松诙谐的心态面对生活的浮沉，这样的父母才是男孩学习的好榜样。但有一点，父母的幽默可以表现为自嘲，但永远不要嘲笑男孩，因为他们的自尊心是很强的。

3. 让男孩了解失败

大多数情况下，给男孩带来最多打击的并不是失败本身，而是男孩对失败的理解。这时，父母不妨和他们一起对失败做分析，比如，在纸上画个圆表示失败，在圆的周围画线代表失败发生的原因。

比如，在孩子没被选去代表班级参加联欢会时，他可能想到的是："我不如其他同学。"可是其中肯定还有其他原因，比如联欢会更需要女孩参加，或者是他们要找会跳舞的孩子……做这个失败分析的关键在于让他们明白：那些导致失败的原因有些是可以通过自身努力改变的。

4. 让男孩有机会绽放光芒

父母应该努力去发现男孩擅长做哪些事情，并且鼓励他去做。假如男孩的数学总是不如其他同学，可是却在体育方面有很高的天赋，那么父母就可以对他说："虽然你的数学不是最好，可你的体育却是最棒的。"在某一领域中拥有充分的自信可以帮助男孩更好地面对来自其他方面的失败。

第五章

教男孩如何应对未来

　　男人在社会生活中承担着更多、更大的责任，他们会面对无数的挑战与危机，这其中只有强者才能披荆斩棘，勇往直前，奔赴成功。领导力、决断力、创新力、自我推销与交际能力，都是男孩勇闯未来不可或缺的能力，是他取得成功的保证。培养男孩，就是要让你的男孩能力卓越！

提高男孩的领导能力

张教授组织了一次大型家庭旅游活动，参加这次活动的有6个家庭，活动内容为分别由家长带着孩子一起去张家界旅游。

到达张家界的第三天，他们已经将张家界的大部分景点观光游览完毕。这时孩子们看见一座并不十分高的山峰，于是很想上去。大人们见这座山峰并无特别之处，加上几天的行程过后身体有些疲惫就决定不上去了，并打算在此休息一个上午。

孩子们因此闷闷不乐，最后在大华的怂恿之下，6个孩子各自给家长留下了纸条，开始了独自探险。

几个孩子一边走着一边采着野花、野果，不知不觉越爬越高、越走越远，后来大家发现竟然迷路了。快到中午的时候，孩子们还没有找到回去的路。他们开始害怕起来，其中敏敏和妮妮这两个女孩子开始小声地哭起来，男孩阳阳和丁丁也开始责怪大华，都怪大华提议单独行动。大华心里不服，说阳阳和丁丁就是胆小，是懦夫。

只有淙淙比较镇定，他分开吵架的大华和阳阳，然后安慰敏敏和妮妮，等大家情绪安稳下来才说："考验我们的时候到了，我们一定要相信自己能够走出去，既要安全回去让爸爸妈妈们放心，也要向大人们证明我们的能力。我记得我们住的地方有一条河，你看我们面前有一条小溪，我想这条小溪应该是流向那条河的。我们沿着小溪的方向走，应该没有错。我在前面带路，阳阳保护敏敏和妮妮走在中间，丁丁和大华走在后面。大家要互相帮助，不要走丢了，遇到意外一定要通知大家。"

最后，在淙淙的带领下，6个孩子终于在快到达山脚的时候看见了搜寻而至的大人们。

大人们尽管很生气，但是好在孩子们都没事，提醒了孩子几句之后就不予追究了。在听完孩子们的叙述之后，张教授说："这次，几个孩子能够安全回来，淙淙功不可没，而他的领导才能在这次探险活动中充分地展现出来了。"

所谓领导力，是指通过自己的人格魅力以及对他人性格、能力的了解，在影响别人的思想和行为的基础上，组织协调其他人很好地完成一项需要很多人共同努力才能完成的事务的能力。

领导力并不是只有成人才有，孩子在一些活动中也能表现出领导才能。儿童领导才能是指在一个相对稳定的儿童群体中，由其中一个或者几个孩子组织并率领其他同伴共同完成某项活动的具体方式和个性心理特征。

如果一个人在小时候就表现出极强的领导才能，那么这种能力会伴随着孩子的长大而逐渐提高。尤其是对一些男孩子来说，提高领导能力，对于提高他们的自信心、增强他们的组织协调能力及决策能力，以及他们的未来发展有着重要作用，必将使他们在未来的生活和工作中获益匪浅。

具体而言，领导力对孩子的影响主要表现在以下几个方面：

第一，促进孩子的社会性发展。

与成人相比，孩子的领导力主要体现在孩子之间的交往和合作之中，这对孩子日后的人际交往产生着重要影响。

第二，丰富孩子的情绪、情感体验。

孩子在带领同伴们完成一件事情的时候，需要完成很多事情，他们需要探讨和确定目标、制订计划、分配和协调人员、指挥和控制活动进程等。孩子在这一系列活动中扮演着提议者、说服者、组织者、决策者等许多角色，在这些角色的转换中，孩子会体会不同的情感。

第三，使孩子的综合能力得到提高。

同成年人的领导力一样，孩子的领导力也是各种能力的综合。在进行领导时，孩子的分析、决策、协调、组织、应变、创新及语言能力都将得到相应的提高。

那么，怎样才能提高孩子的领导能力呢？

1. 让孩子独立

只有具有一定的独立性的时候，孩子才有可能在同伴之中充当领队。倘若孩子的依赖性非常强，就不会主动进行决策，也不会主动去协调和组织，既没有足够的能力成为领导者，只能是听从别的同伴的指挥，在队伍中也将处于依赖和被保护的地位。因此，要想让一个孩子成为队伍中的"领头羊"，要不断锻炼孩子的各种能力，坚持培养孩子的独立性，让孩子习惯自己思考、自主选择，以及自己做决定。

2. 培养孩子的责任感

作为一个领导者，责任感同能力一样重要。责任感主要表现为一个人对自己、对他人，以及处理事情的种种态度。因此，父母对于孩子责任感的培养主要是对孩子为人做事的态度的培养。父母不仅要允许孩子独立完成自己的事情，还要引导孩子对自己的行为负责，对父母或者是他人以及群体活动中分配的任务认真负责。

3. 孩子成为领导者应该具备的几种能力

（1）决策能力。

父母总是认为孩子的年龄还小，所以习惯于帮助孩子做决定，习惯于不让孩子参与到家庭事务之中。他们一手包办孩子生活中的种种事项，甚至包括孩子应该和谁玩、玩什么、怎么玩。其实，孩子在3岁左右的时候就已经能够感受到"自我"了，这时候的孩子已经具有强烈的独立行动的愿望并且渴望自己做决定。而一个好的领导者，必须具有良好的决策能力，否则他将难以带领大家完成任务，也很难服众。因此，父母必须培养孩子在决策方面的能力，平时尊重孩子在价值判断和兴趣选择等方面的自由决策的权利，多给孩子参与解决事情的机会，在尊重的基础上给予一定的指导，以提高孩子的决策能力。

（2）组织协调能力。

领导者在群体活动中充分行使自己的权力并且发挥自己的作用，因此，组织协调能力是领导者必备的能力。孩子的领导力没有权力因素，成员之间也没有一定的规章制度加以约束，加上孩子因为年龄小而自带的情绪和性格上的不成熟，要想把孩子们组织起来，使他们协调共同完成一项目标并不是一件容易的事情。在锻炼孩子组织协调能力的时候，父母首先要教会孩子说服和劝服技巧，同时也要教会孩子处理危机和冲突的技巧。这些技巧也是在参加群体活动的过程中不断尝试、体会和积累起来的。因此父母要给孩子提供机会，让他亲自操办活动，如操办家庭节日晚会、宴请朋友、带队外出旅游等。

（3）创新能力。

如果一个孩子具有很强的创新能力，那么他就很容易在同伴中脱颖而出，成为一个领导者。具有创新能力的孩子，发散思维能力强，不仅能够从多角度、多方面地思考问题，更能提出一些比较有建设性的、创造性的观点和见解，有助于任务的完成。提高孩子的创新能力，要求父母在平时注意呵护孩子的好奇心，鼓励孩子多提出问题、发现问题和解决问题。

决断能力最体现男子汉的气质

男人天生就被赋予了决断者的角色，他们被要求有良好的行动力和决策力，以带领同事、朋友和家人创造美好的明天。决断是男人在做事情的时候极为重要和关键的一个环节。决断力常常影响着事情的成功与否。

男人的这种决断能力是在生活和工作之中应该具备的能力，也是父母和家人期望男人具有的能力。"罗马不是一天建成的"，决断力也不是一天就能形成的。有的父母未对男孩进行过这方面的培养，却希望孩子在18岁生日时一夜之间长大，成为一个能自己做主、能做好自己的主的人，这是自欺欺人的想法。男孩的决断力必须从小开始培养。

在父母以及老师眼中，亮亮是一个乖巧的孩子。但是亮亮从来没有自己的主意，父母让他做什么他就做什么，让他怎么做他就怎么做，甚至自己今天玩什么玩具都要父母替他决定。亮亮在和其他小朋友一起玩的时候，也总是顺从同伴的领导，很少提出自己的要求，因此，小伙伴在一起玩的时候常常会忘记亮亮的存在。

小健的父母有着自己的苦恼。那天，全家一起去超市，小健被满柜的玩具吸引住了。妈妈让小健挑选一件自己喜欢的玩具。小健拿起一个，看了看妈妈，妈妈没有说话，他又拿起另外一个，见妈妈还是没有说话，又换成另外一个。最后，小健将所有的玩具都拿了一遍，还是没有拿定主意要哪个，最后可怜兮兮地问妈妈说："妈妈，你说我要哪一个好呢？"

亮亮和小健这种没有"主心骨"的表现，是应该充分引起父母的注意的。同时，我们也不得不在父母身上寻找孩子决断能力弱的原因。

父母总是替孩子作出决定，孩子只能无奈接受。因为孩子心中的不情愿，致使这些决定往往得不到有效的执行，致使最终搁浅，孩子也因此变得不爱思考，没有主见，做事总是犹犹豫豫，无法很好地做出决定。

那么，父母怎样才能培养孩子的决断能力，怎样才能让孩子在日常生活中尽显男子汉气概呢？

1. 倾听并尊重孩子的意见，尽量让孩子自己做决定

学校要组织一个乐器队，有钢琴、小提琴、长号等多种乐器，学生可以自由报名参加。小寒对家人说过后，奶奶说："我和小寒爸爸都认为小寒可以选择弹钢琴，会弹钢琴是一件了不起的事情。"

妈妈说，还是应该听听小寒自己的想法。

"他才多大，自己肯定做不好决定。"奶奶不以为然地说。

但是奶奶还是问了一下小寒的意见："小寒，学校要组织乐器队，你想学哪一个？钢琴好不好？弹钢琴又轻松又有气质！"

"我想学萨克斯。"小寒想了想说。

"萨克斯？萨克斯多累呀，还是钢琴吧，钢琴多神气！"

"不，我觉得我喜欢萨克斯，我也能学好。"

妈妈在一旁偷偷笑了。事事有自己的主见并敢于决断，这正是自己日常尊重孩子意见的结果。其实在小寒稍稍懂事的时候，小寒妈妈就有意识地培养小寒这方面的能力，在那些涉及小寒自己的事情，如早上喝牛奶还是豆浆、上幼儿园和哪个小朋友一起走、周末的安排等，都要听取小寒的意见。在小寒大一些的时候，妈妈就在更多的方面让小寒自己选择，如让小寒列出冰箱里应该采购的食物，尝试让小寒写出晚餐的菜谱，

也会让他去评价发生在周围的一些事情。

所以，妈妈笃定奶奶的"钢琴梦"在小寒那里行不通。果然，最终小寒说服了奶奶，为自己争取到了学习自己感兴趣的萨克斯的机会。

对孩子决断力的培养，更多是对孩子独立自主意识的培养，而且，这种培养通常体现在日常生活的小事中。父母必须给孩子一定的自主决定的权利，即使是很小的一件事情，如果让孩子自己决定，不仅能让孩子获得极大的满足感，更能锻炼孩子的决断能力。

父母们应该经常使用这些话语："你来决定这件事。""你觉得应该怎样做呢？""如果你认为这样是正确的，那么就去做吧！"

2. 鼓励孩子进行尝试，帮助孩子树立信心

有时候，决策者对一些问题难以做出最后决定是因为不相信自己，缺乏信心。而缺乏信心正是一些小孩子决断力弱的最主要原因。信心的缺乏，让孩子们犹豫不决。因此父母要多给孩子打气，鼓励孩子勇敢地做出决断。

有的孩子是因为没有认识到自己的潜力和能力，导致对自己不能够被认可而无法做出决定，也有的孩子是因为害怕做出决定后会出现不好的后果而变得犹豫不决。对于前者，父母要给孩子打气，让孩子相信自己的实力，把握稍纵即逝的机会；对于后者，父母要告诉孩子，决定总是有对有错，选择也是有利有弊，放平自己的心态，尽量做出对自己、对事情有利的决定就是成功，如果总是徘徊在两件事之间犹豫不决，那么一件事情也做不成。

3. 引导孩子做出正确的决定

孩子做出的决定有时候可能是盲目和冲动的，这也是大部分父母总是迫不及待地替孩子做主的原因。他们因为怕孩子做出错误的决定，而

一次又一次地干涉孩子的决定。殊不知，这种粗暴干涉甚至是包办代替，会使孩子产生挫败感，甚至会激起孩子的反抗。因此，正确的做法应该是父母以一个建议者的身份参与到决策之中，当看见孩子的决策有些偏差的时候，耐心为孩子分析原因，权衡利弊，并且提前告知孩子可能发生的后果，强化孩子的风险意识。

4. 教孩子正确面对并妥善处理由于决断不利而带来的后果

谁也无法保证决断最终带来的结果一定是良好的，尤其是孩子的决断。因此，父母必须要教会孩子正确面对决断之后发生的种种不利情况，告诉孩子一些决断可能带来成功，这时他需要的是更加小心谨慎地做进一步的决断，同时要告诉孩子有些决断是可能带来失败的。父母首先要注意安慰孩子，不能落井下石，同时要积极为孩子提供帮助，协助孩子采取补救措施，重要的是引导孩子从中吸取经验教训。

很多孩子在有过失败决断的教训之后，很难鼓起勇气再次进行决断，这时候的父母不应该收回让孩子自己做主的权利，而是要继续鼓励孩子进行决断，这样才能真正促进孩子成长。

要让男孩做事有效率

在生活中，父母也许经常能听到男孩发出这样的抱怨："天哪，时间过得真快，我的作业快完不成了""唉，为什么我的时间总是不够用""这件事不急，我可以留到明天再做""耽误了一点时间没什么"……

小时候就被时间搞得心烦意乱，长大工作后岂不是要彻底疯掉？如果男孩不懂得如何管理时间，那么每天只能忙碌而凌乱地做事，在累得晕头转向的同时，还会将一些重要的事情遗忘，并且这一刻忙完了，就不知道下一刻该去做什么……

为了避免男孩日后成为"时间的奴隶"，父母从现在就要教他学会如何管理时间，让男孩从做事辛苦却又效率低下的窘境中解脱出来，做到高效办事。

只有养成了充分利用时间的好习惯，男孩才会发现：我也能从容地驾驭时间。

在时间面前，每个人都机会均等，上天不会亏待你，只给你23个小时，也不会优待你，给你25个小时。聪明人总是可以科学地利用时间，在很短的时间内完成很多事情，或者在规定时间到达之前轻松完成任务。这就是时间管理的好处，能让你在别人还不明白的时候，三下五除二地把事情完成。

基本上，每个成功人士都很注重管理宝贵的时间，也在实践中各自总结出一套时间管理方法，所以在同样的 24 小时内，他们能够以最大的效能做事。尽管方法千差万别，但核心内容却是不变的：珍惜时间。

是呀，不管你怎么做，目的都是在珍惜时间，把节约出来的时间利用起来以获得知识、提高能力、人际交往等对未来有益的事情上。父母要引导男孩，不妨利用休闲时间去多学一些对未来有益的知识，或者利用空闲时间自由思考，这其实是对未来事业的长远投资。

无论男孩在哪里上学，一周课内时间全部加起来，最多也只占一半时间，那么剩下的时间（包括每天的余暇时间及周末 1～2 天的休息时间）他应如何利用？仅仅只是放松和玩乐吗？这并非是让父母限制男孩的放松时间，而是教育男孩"不该将宝贵的时间全都浪费在享乐上"，应该多去思考和实践一些有意义的事。正如英国热销图书《视读人工智能》的作者亨利·布莱顿所说："人类拥有大脑这样神奇的东西，如果用来浪费在一些无聊的事上，岂不太可惜了？"一周内一半左右的闲暇时间，男孩至少要利用其中的一点时间做点对将来有意义的事情吧。

若想许给男孩赢家的未来，现在就该引导男孩将时间多投入到一些有价值的事情上。知识和能力这两种东西，无论你学了多少，都将在你的大脑里储存，成为你自己的东西，并且永远也不会消失。无论一个人平时怎样忙碌，总有很多的光阴是被虚度或者浪费掉的，而这些虚度的光阴如果能够被很好利用，一定可以令人获益匪浅。

除了让男孩有"珍惜时间"的观念外，还要让他从骨子里理解时间是一种做事成本。假使每个人每天都完成同样的任务量，那么时间便是毫无价值的，因为每个人做事的结果和效率都是一样的。

当然，在现实中这种情况并不存在，所以时间便有了巨大的弹性，有的人一天可以做成几百万的生意，有的人一天才赚得几十块钱。可见，时间的价值取决于你在其流程中所做的事情、做事的效率以及结果的价值。如果你能利用有限的时间，做出价值巨大的结果，那么时间就会成为你财富增值的杠杆。反之，你的时间只会被无聊的事情浪费掉。

原则上，所有的男孩都有可能是明天的成功者，因为他们拥有大量的时间，但是能否功成名就，就要看每个男孩是如何利用时间这笔"无形财富"的了。在这里，就要提到著名的"二八法则"。

"二八法则"是由意大利经济学家巴莱多提出的。他认为，在任何一组东西中，最重要的只占20%，其余80%都是次要的。这一法则对于利用时间的启示是：避免将时间花在琐碎的问题上，因为就算你在这些方面花费了80%的时间，也只能获得20%的结果。更重要的是要将时间花在20%的关键问题上，一旦解决了这些重要的问题，那么你只需要花20%的时间即可获得80%的结果。

为了能让男孩的时间利用率得到最大优化，父母就应该让男孩学习把精力投入到关键的问题上去，学会"打蛇打七寸"，用这种高效能人士常用的"时间管理利器"，让男孩的付出有结果，有收获。

时间管理的最后一点，就是避免在日常行为中无故地"杀死时间"。比如说爱迟到的小孩，似乎总是迟到，即使他家离学校不远，还是总是迟到。这是什么原因呢？这正是由于天天吊儿郎当，没有好习惯的约束所致！

如果孩子管理不好时间，还容易引发可怕的拖延"恶习"。一旦养成遇事拖延的坏习惯，每次接到新任务，男孩就会心不在焉地想：这个事还早着呢，不如先做点其他事吧。于是，他就会开始无缘无故地拖延时间，总要等到截止期限的最后几天才"临时抱佛脚"。到最后很可能是敷衍了事，根本没有足够的时间和精力来研究怎样把事情做得更好更到位。这样，换来的只是事后的重新返工和补救。男孩这一"拖"不仅拖去了老师的时间，更使自己失去了宝贵的时间和良好的习惯。仅凭这样敷衍的表现，想让成绩有所提高，简直是不可能的事儿。

在未来竞争日益激烈的职场中，谁能够做时间的主人、发挥时间的最大价值，谁就能在最短的时间内，获得最大的成功。所以，这需要父母领着男孩"跟时间赛跑"，改变做事拖延的习惯，把宝贵的时间利用起来。人的一生就是在和时间赛跑，如果你做不了它的主人，那么就会成为它的奴隶。

交际能力是男孩成功所必需的

卡耐基曾经说过,一个人的成功,专业知识只占15%,而人际交往能力占85%。也就是说,交际能力是获得成功的一项必备的能力。对于男孩来说,他的交际能力对他未来的生活和发展走向影响重大。

善于交际的孩子能够从容地与同伴、长辈甚至是不熟悉的人交往。在与人交往的过程中,孩子锻炼了自己的能力,丰富了自己的情感,促进了社会性能力的发展,因此,交际能力对孩子的身心健康发展有着重要的作用。同时,如果孩子从小就善于交际,能在与人交往中表现得落落大方、彬彬有礼,那么在他步入成人社会后,这项能力会让他在生活和工作中变得游刃有余。

父母们常常在自己头脑中勾画出对儿子的期望:他们在生活中是彬彬有礼的绅士,他们在职场中是应对自如、谈笑风生的成功人士。无论孩子长大以后从事哪一种职业,选择哪一种生活方式,父母都希望他能在生活中善于交际。

交际能力是应该从小培养的。孩子的交际能力更多地体现在与同伴之间的交往中。但是对于正在成长中的男孩来说,他们与周围人的关系却常常处于水深火热之中。男孩争强好胜,做事情喜欢随心所欲,很少能够考虑到别人,因此男孩子之间经常发生小的摩擦和矛盾冲突。

我们经常听到这样的话语:

"我是老大，你们都应该听我的。"

"我再也不和他玩了！"

"我们绝交！"

"你不要找他玩了，他太讨人厌了！"

"咱们找机会收拾他一顿！"

这是男孩在交往中经常表现出来的情况。这样的男孩在群体中表现得很霸道，他们以自我为中心，攻击性强，很容易与周围的人发生冲突。

还有另外一部分男孩则完全是相反的表现。他们在人群中总是处于"最后一排"，总是沉默不语，不喜欢和人交谈，而且有的男孩严重表现出女性倾向。

同时，男孩不仅在与同龄人交往中表现出这样的行为，在与成人的交往中也会有类似的表现。这样的孩子无法获得同龄人的友谊和尊重，也无法获得成人的赏识与爱护。

男孩在人际交往中出现的这些不利于身心发展的行为，与家庭教养方式有着很大的关系。也就是说，父母完全可以通过选择适当的家庭教养方式来培养孩子良好的人际交往习惯，提高孩子的人际交往能力。以下是给父母们的一些建议：

1. 重视礼仪教育

人际交往中最重要的一点就是要注意礼仪的使用。父母应该在孩子小的时候就对他进行礼仪教育。一个懂得礼仪的孩子往往能够尊重对方，并且乐于助人，这对孩子以后的人际交往有着重要的作用。

2. 多参加集体活动

集体活动对于提高孩子的人际交往能力是十分重要的。因此，父母一定要多为孩子提供这样的机会，如多让孩子参加一些体育活动，一些正规的夏令营等户外活动也是可以考虑的，平时还可以多让孩子带同伴来家里做客。

父母在孩子参加集体活动之前，一定要告诉孩子在活动中应该注意的一些交往事项，让孩子学会团结合作和友爱助人。

父母不仅要鼓励并引导孩子与同龄人之间的交往，还应该注意加强孩子与成年人之间的交往。例如，在家里来客人的时候、外出到别人家做客的时候，或在路上遇到熟人的时候，父母都要注意引导孩子与成年人打招呼。

肖潇今年9岁，见到生人十分有礼貌，不羞涩也不张扬，是朋友眼中的好伙伴，是老师心中的好学生，凡是认识肖潇的人没有不喜欢他的。很多父母都向肖潇妈妈询问是怎样教育肖潇的，为何自己的孩子见到生人要么是极其不礼貌，要么是害怕地躲在大人身后不敢说话。

肖潇妈妈说，自己没有什么特别的方法。以前她工作比较忙，所以有什么事情需要去办的时候，经常会带着肖潇。这样肖潇就跟着妈妈接触了很多人，她也让他学着和人打招呼。后来肖潇在人际交往中就表现得非常出色，不仅会根据对方的年龄和外貌礼貌地与对方打招呼，还会恰当地寻找一些话题与人交谈。有了跟成年人交往的经验，他与同龄人之间的交往就变得比较容易和顺畅了。

3. 教男孩推销自己

周周看见新来的小朋友总是不爱说话，也不爱参加活动，就问妈妈这是为什么。

妈妈说："因为那位小朋友是新来的，谁也不认识，所以有些害怕。如果他有好朋友，那么他就不会害怕了。"

"那我就做他的好朋友吧！"周周想了想说道。

"那么你怎么做才能成为他的朋友呢？"

"我把我的故事书给他看。"

"嗯，周周这样做真好，他一定会和你成为好朋友的。但是，你在给他故事书的时候，一定要好好做自我介绍，这样他才不会害怕你。"

第二天，周周拿着自己的故事书，走向新来的小朋友。

"我是周周，我能和你做朋友吗？这是我的故事书，很好看的，你要不要看一看？"周周诚恳地说。

新来的小朋友自然很快地和周周一起看起了故事书，之后周周又带着他和其他小朋友一起做游戏。

从此以后，每当幼儿园有新来的小朋友的时候，周周都会主动与他们交朋友。周周不仅收获了小伙伴们的友谊，同时还获得了老师的喜爱。

成功地推销自己是与他人顺利交往的前提，父母要像周周妈妈那样引导孩子进行自我推销。孩子在推销自己的时候，表现出来的善良、尊重及自信会让他收获更多，这也会是他难忘的经历。

第六章

让女孩拥有自信

　　自信而不骄傲的女孩会受到各方的青睐。因为自信的女孩活泼开朗、乐观向上，有良好的自我感觉，更有用饱满的精神面貌迎接生活的信心。自信是女孩受用一生的财富。

乐观的心态是自信的基础

女孩子是美玉，是鲜花，可是，人们不会去欣赏无精打采、垂头丧气的鲜花，被尘土覆盖的美玉也难以受到人们的重视。女孩子如果总是沉浸在阴郁愁苦之中，就很难有所成就，也很难被人欣赏。

著名教育学家塞利格曼指出："父母教育孩子的方式正确与否，显著地影响着孩子日后的性格是乐观还是悲观。"因此，作为父母，一定要"富养"女孩，要积极营造一个乐观和谐的家庭氛围，让孩子在乐观中逐渐找到生活的自信。因为，女孩子是为快乐而生的，让笑声伴随着女孩子的成长，这样，女孩的生活就永远充满了阳光。一位教育专家有句名言："培养笑容就是培养心灵。把孩子培养成面带笑容的孩子，是把孩子培养成为乐观、进取的人的最重要条件之一。"

著名潜能开发大师迪翁经常用一句话来激励人们进行积极思考："任何一个苦难与问题的背后，都有一个更大的幸福！"这是他的招牌话。他有个可爱的女儿，但一场意外让这个可爱的小女孩失去了小腿，当迪翁从韩国的演讲赛上赶到医院时，他第一次发现自己的好口才不见了。可是女儿却察觉到父亲的痛苦，笑着告诉他："爸爸！你不是常说，任何一个苦难与问题的背后，都有一个更大的幸福吗？不要难过呀！这或许就是上帝给我的另一个幸福。"迪翁无奈又激动地说："可是！你的脚……"

小女儿非常懂事地说："爸爸放心，脚不行，我还有手可以用呀！"

听了这样的话，迪翁虽有几分心酸，却也欣慰不已。

两年后，小女孩升入中学，她再度入选垒球队，成为该队有史以来最厉害的"全垒打王"！因为她的腿不能走路，就每天更加勤练打击，强化肌肉。她很清楚，如果不打全垒打，即使是深远的安打，都不见得可以安全上垒。所以唯一的把握，就是将球猛力击出底线之外！

这是一个乐观积极的小女孩，在最艰难的时刻，她留给人们的依然是微笑，因为她相信父亲的那句话，"任何一个苦难与问题的背后，都有一个更大的幸福"，于是，灾难变得不再可怕，而她本人也更有能力面对这场艰难的挑战。

的确，一个乐观开朗的人，无论面对什么样的生活，都有能力重新开始，即使在地狱中，也能重新走入天堂。对于任何一个人来说，这种性格是比什么都重要的财富。

因此，父母在培养女孩的过程中，乐观性格的培养是一个必不可少的环节。也许有些女孩天生就比较乐观，有些女孩则相反。但乐观的性格是可以培养的，即使孩子天生不具备乐观的性格，也可以通过后天的努力来实现。比如：

（1）父母要有乐观的思维模式，用乐观的心态和家庭氛围来感染孩子，如同迪翁一样，因为他的乐观，才造就了女儿的乐观，因为他的积极，才培养了女儿的积极。

在孩子的成长过程中，她一直在看着父母，如果父母在处理自身问题和家庭问题时能持乐观态度，那么孩子通过观察和模仿会逐渐养成乐观的性格。

当孩子遇到不顺利的事情而悲观时，父母应引导孩子对问题进行多方面的思考和衡量，并让孩子明白她的思想中存在的逻辑错误。一个自信乐观的父母，总是能够培养出心态乐观的孩子，他们总是能够为女儿营造这种积极乐观的氛围。

为此，家庭中所有成员在说话做事时都应有平和的态度。在对女儿说话时，更要和颜悦色，让女儿感到心情舒畅，不要经常厉声厉色地斥责孩子，以免孩子对父母望而生畏，心情总是处于不舒畅的紧张状态。这就要求父母尊重孩子的愿望，要让她们自然滋生出积极的情绪。

（2）在家庭生活中，应该经常举行孩子喜爱的琴、棋、书、画以及各种文娱体育活动。

（3）要经常引导孩子完成力所能及的任务，使其体验"成功"的欢乐。对于一个人来说，能够产生愉悦情绪的，莫过于完成任务时的满足感和自豪感了，因此，作为父母，要让孩子在完成学习、劳动任务中，或在游戏活动中体验到"成功"的愉快心情。

（4）孩子一旦有了不愉快的事情，父母要设法尽快消除其不良情绪，恢复其愉快的心境。

总之，培养孩子乐观的心态，父母要身体力行，营造出一个乐观而温馨的家庭环境，让女儿快乐地学习、快乐地生活，教会孩子正确面对批评和挫折，学会乐观向上。帮助孩子克服羞怯和抑郁的悲观因素，多给予赏识与鼓励，多给予笑声与温暖，孩子就会逐渐形成乐观开朗的性格。在孩子的一生中，乐观具有许多意义：它是诱发孩子采取行动的强烈的动机；它进驻孩子内心，可以提供充满勇气、克服困难的神秘力量。"富养"女孩，就是要给予女儿希望和乐观，让她们能够积极地去实现自己的理想！

在陌生人面前女孩应该大大方方

身为女孩的父母都希望自己的"小公主"在人前人后都落落大方、自信十足，这样的女孩长大后才懂得如何不卑不亢地待人接物。这也是富养女孩的宗旨和目标之一。如何让女孩不再胆小怕羞、不再不自信，是困扰许多父母的常见问题，也是很多父母急于得到答案的问题。而解决女孩不自信的一个重要方法就是，让孩子在陌生人面前大方地表现自己，这也有助于开阔她的视野，提高她的阅世能力，从而大大增强她的见识。

父母在教女孩学会大方表现之前，要先分析出女孩胆小、不自信的原因，然后才能对症下药。严格地说，胆小害羞是孩子进行自我保护的自然行为，随着年龄的增长和与外界接触次数的增多，胆小害羞的行为就会越来越少。但是也有些女孩四五岁或者小学了还是很胆小、很怕羞，这时候父母就应该重视、要想办法纠正自己的教养方式了。一般来说，造成女孩胆小怕羞的原因主要有以下几种情况：

第一种：幼年时候与外界接触比较少。

其实，女孩虽然天生是敏感、害羞、多疑的，但这些后天都可以改变。在生活中，我们见到的一些胆小怕羞的女孩，多数是婴幼儿期由爷爷奶奶带，不常见生人，不常和小朋友一起玩耍。我们还见到，一般在学校校园里长大的女孩都比较胆大、放得开。所以，带孩子和外人接触，让孩子多见世面，让孩子多和小朋友一起玩耍，多参加集体活动，是纠正这类孩子胆小怕羞的最好方法。

第二种：父母不正确的教育。

很多父母错误地把女孩的胆小怕羞当作一个大的缺点来对待，急于纠正，但方法又不恰当。常常人前人后地提醒孩子，有的还强迫孩子在陌生人面前表现自己，当孩子不肯表现的时候，为了给自己一个台阶下，又当着别人的面说孩子胆小怕羞。这样不但不能纠正孩子的胆小怕羞，反而会加重孩子内心的负面体验，使孩子变得更加胆小怕羞。

4岁的菲菲就是个胆小怕羞的孩子。一天，她随妈妈出门，遇见了妈妈的一位朋友。妈妈与朋友攀谈起来，菲菲则胆怯地躲在妈妈身后，低头吮吸着大拇指。妈妈说："菲菲，这是丁阿姨，问阿姨好。"菲菲只是抬头看了阿姨一眼，就又低下头，继续吸手指。妈妈好言相哄，让菲菲走过来，但菲菲只是摇头。妈妈感到尴尬，可又不好在朋友面前发作，只好向她的朋友道歉说："菲菲是个胆怯的孩子，我想她是不好意思了。"

妈妈这么一说，无疑强化了菲菲的胆小怕羞。

第三种：父母对孩子过于严厉。

有些父母对孩子过分严厉，久而久之，使孩子畏惧于父母，敏感于别人对自己的评价。她们对自己的一言一行非常重视，唯恐有差错，这种心理导致她们在与人交往中表现得不自然、胆小怕羞。

其实，女孩无论从身体上还是心理上，相对于男孩，都娇弱很多，这也是要"富养"女孩的重要原因，女孩需要小心地呵护和鼓励，呵斥孩子只会扼杀孩子的自信心。

以上这些情况都会造成一个可爱但不大方的女孩，她们对自己信心不足，对自己在学习和其他方面的能力总是做出偏低的评价，做事谨小慎微，由认知上的偏差发展为自卑的人格，表现在外部就是胆小、害羞、孤独、沉默寡言。基于这些，父母要努力营造愉悦、和谐的家庭气氛，消除孩子的紧张情绪。要多鼓励、少批评，要抓住孩子的闪光点进行表扬，帮助孩子克服自卑，鼓励孩子勇敢地表现自己、张扬个性。这样就能使孩子克服胆小害羞的习惯，变得大方开朗、热情阳光。这样的女孩就能在陌生人面前大方地表现自己了。那么，具体说来，父母要让你的"小公主"自信地"登场"，还需要做到：

（1）巧邀请。平常我们习惯说："宝宝来为大家表演一个吧！"或是"给大家唱首歌！"这样不管你的巴掌拍得有多响，对孩子的尊重度都是不够的，只要换成"宝宝，爸爸想邀请你为大家表演，你觉得是讲个故事还是唱首歌呢？"这句话，用真诚尊重的态度巧妙地运用二选一的方法，引导孩子快乐地选择，巧妙地用语言为孩子指引行动的方向。

（2）营造家庭晚会的氛围，创造表演的机会。晚会可以每周一次或每月一次，每个成员都可以出一个节目，当然也可以是几个人一起表演小品或情景剧，形式多样，朗诵、游戏都可以。让孩子在与家人的同游戏中，享受亲子时光，热爱表演。

（3）父母以身作则，提供有效的"模仿源"。身教对孩子的影响永远比言传要大，可生活中光说不练的父母还是不少，要注重自己与人交往的方式，在活动中注重提高自己的参与度和热情度。

这样，女孩就不会出现"拒演"的情况了，让孩子在陌生人面前大方地表现自己，通过表演来提升她的自信心，就能提高孩子的社交能力。大方与人交往，是女孩必备的社交心态，这种心态源于自信，而富养的女孩才会是一个自信、骄傲的"公主"！

对待女孩的错误要温柔

人类的学习过程自古至今都遵循这样一条规律：错误、学习、尝试、纠正。在这个不断循环的过程中，人类才能得以成长。"富养"女孩，就是让父母尊重这个规律，温柔地对待女孩所犯的错误，让女孩自己认识到错误，让她在错误中得到真理，得到正确的做事方法。而作为父母，如果把错误这个源头彻底消灭，那么你的女儿就不会有成长，也会打击孩子的自信心。

那么，父母在面对女孩犯错的时候，应该怎么做呢？

1. 爱女儿，不妨做她的"知心朋友"

每个女孩都希望自己有一个可以交心的好朋友，能够在自己迷茫的时候给自己指点；在自己不高兴的时候静静地坐在自己的身边聆听；能在自己犯错的时候为自己指出问题的焦点。但很多情况下，女儿的这位知己并不是父母。很多女孩知道自己的父母做不到这一点，所以她们如果有了心事，宁愿找自己的朋友去倾诉，也不愿意告诉父母。不是女儿不愿意把父母当作知己，而是父母首先没有做女儿"知己"的意识，因为他们放不下作为家长的威严。

所以，父母不妨放下辈分，平等地对待女儿。英国教育家斯宾塞说："沟通不是在任何人之间都能实现的。父母只有放下架子，做孩子的朋友，才能实现最成功的沟通。"

2. 温柔地对待孩子，也要让她为自己的错误付出一点代价

孩子犯错总是在所难免，每当孩子闯下大大小小的祸，作为警醒或教训，父母往往会对孩子采取一定的惩罚。但惩罚仅仅是打和骂吗？怎样的教训才能达到理想效果？惩罚有些什么方式？惩罚的"度"在哪里？惩罚过后，面对孩子的情绪，父母又该如何做好"善后"工作？

每个人犯错都是要付出代价的，如果没有因为相应的错误而受到惩罚，那么错误还可能会延续下去。生活中，很多父母看到女儿犯了错误以后，马上会帮她纠正。可能女儿意识到了自己的错误，但印象并不深刻，导致错误一再出现。

老刘的女儿第二天要去郊游。晚上，老刘对只顾看电视的女儿说："女儿啊，先别看电视了，准备准备明天去郊游的东西吧，否则明天早晨又要手忙脚乱了。"女儿一边嗑瓜子，一边说："爸爸你可真啰唆，我这么大了，会照顾好自己的，东西都准备好了。"老刘就没再说什么，可是却发现女儿换洗的袜子没带，帽子也没装进包里。老刘的妻子正要帮女儿收拾，老刘却阻止了她。

女儿郊游回来后，老刘问："玩得怎么样啊？"女儿说："很好啊。就是没换洗的袜子穿，天气太热了，帽子也忘戴了，我都晒黑了，下次可不能再这么丢三落四了。"

老刘是一位很聪明的父亲。他阻止了妻子的行为，就是要让女儿为自己犯的错误付出一点儿代价。如果妻子帮助她准备好了，女儿依旧是一副没记性的样子，并且她还会产生依赖心理：我没准备好没关系，还有我老妈帮我弄呢。所以，要想让女儿对自己的错误记忆深刻。不犯类似的错误，不妨让她吃点苦头。

父母们大多相信棍棒比说教更容易让女孩牢记错误，因此当女孩犯错的时候，他们往往采取严厉的惩罚措施，甚至体罚。由于体罚伴随着

父母的情绪爆发，容易使孩子产生逆反心理或委屈情绪，甚至导致自信心的丧失，这对于女孩的成长极为不利。其实，"牢记错误"不是重点，"改正错误"才是目的。父母不妨温柔地对待女孩犯的错误，用正确的方法引导，这样不仅会让女孩意识到自己的错误，还会增强孩子勇于发现错误的信心和勇气。

女孩越自信就越有魅力

"富养"让女儿骄傲起来，这样的骄傲并不是看不起其他人，而是让她有底气、更自信。自信才能无畏，自信的人才能够主宰自己的生活，同时有着发自内心的安全感。

培养女孩的自信心比成绩更重要。如果女孩生活在鼓励中，就培养了自信；如果生活在被信任中，就会有人生目标；如果女孩在生活中被认可，就会自觉、自律。

许多父母在教育女孩时，发觉女儿越大越"叛逆"，这时父母通常会将孩子数落一顿，直到女孩眼睛红红的时候才停下来。父母以为这样才是好好地教育了女孩，其实女孩的自信心却在无形中受到了打击。她心里会认为"原来我这么差，连最亲近的父母都不喜欢我"，时间久了，女孩只会越来越自卑，甚至使父女或母女间产生难以逾越的代沟。

对女孩来说，父母的一个微笑、一声赞许、一个肯定都会给予她们强烈的情感和信心，而自信心就来自于日常生活中父母对她的肯定和赞赏。在女孩未成年之前，信心是父母给的，父母对女孩有信心，她对自己才有信心。

健康成长的前提是自信，自信是一种精神动力，自信的女人乐观、开朗，会焕发出无限的生机。

吴晶 15 个月大的时候，因患视网膜细胞瘤导致双目失明，从那以后她一直生活在黑暗里。但她凭借超乎常人的毅力和自信，先后在亚洲和全国残疾人运动会上夺得了多枚金牌。虽然别人说她的眼睛看不见，会成为别人的累赘，但她并没有自卑，她时刻提醒自己"我眼睛看不见，但我有双手、有大脑、有耳朵，绝不能成为别人的累赘，我要做一个有用的人"。

自信的女孩从不掩盖自己的缺陷；自信的女孩知道什么是自己所追求的人生；自信的女孩永远保持着最灿烂的笑容，吸引着无数的目光。

美丽是许多人都向往的，尤其是年少的小女孩，更希望自己有漂亮的外表。许多女孩常常为自己的长相苦恼：长得胖、有青春痘……"伤神"的事情不少，归根结底就是怕自己不够美，有的开始学习使用化妆品，希望自己更漂亮。针对这些情况，父母应该告诉女孩：青春就是美的资本，自然就是最美的，女孩自信了，就会越来越美。

美国有一个整形医生，因为使许多"丑陋"的人变得很漂亮而远近闻名。其实，高超技艺的秘密，一方面在于她的技术高超，另一方面，她知道一个人的美与丑并不在于女人原本的面貌，而在于她如何看待自己。如果一个人自以为是美的，她就真的会越来越美；同样，如果一个人觉得自己聪明，那她就会成为一个聪明人。这就是自信使一个人散发的魅力。

心理学家做过这样一个实验：从一所学校里挑出一个别人认为智商平平、长相一般、不太招人喜欢的女孩。然后让她的同学们暂时改变以往对她的看法。无论是同学还是校友，无论是在学校还是在路上都假装打心眼里认定她是位漂亮聪慧的姑娘。让人意外的是，这个小女孩从此真的变得自信从容、楚楚动人了，她的言行举止和以前简直判若两人。

　　她高兴地对身边的人说："我获得了新生。"但是，她还是她，并没有变成另一个人，只不过展现了自身的自信魅力。每一个人都蕴藏着美，但这种美只会在我们相信自己、接纳自己的时候才会表现出来。

第七章

培养女孩独立的精神

当今社会，个性独立的女孩在各方面都显得尤为突出。事业的发展、家庭的建立、人际关系的维系，能够独当一面的女孩在各个方面都令人刮目相看。新时代的女性要经受住现实的考验，而不能事事依赖他人，这就需要从小培养女孩独立的意识和精神。

父母的爱让女孩更具独立性

父母都疼爱自己的女儿，但是不能一手包办女儿所有的事情，可以尝试鼓励女孩，让她独自完成自己的事情。此时，父母最好做一位旁观者，适当地引导孩子，给予女孩恰当的指导和关注，而不是溺爱，扼杀女孩的自立能力。

芊芊是全家人的掌上明珠，但父母并没有一味地宠惯芊芊，而是选择用理性的爱教育她。

芊芊在刚学走路时经常摔跤，每一次跌倒，父母都会鼓励她说："乖女儿，妈妈相信你能自己站起来，是不是，宝贝快站起来！"在父母的鼓励下，等芊芊自己站起来时，妈妈就会说："宝贝，你真棒，我们为你感到骄傲！"

有一次，父母领着5岁的芊芊去朋友家做客，在即将告辞时，芊芊发现自己鞋子上漂亮的蝴蝶结鞋带丢了，原来是朋友家顽皮的小狗搞的鬼，此时，朋友热情地说："芊芊，我帮你换上一根新鞋带吧。"此时，站在一旁的父母始终没有说话，当他们看见朋友欲上前帮忙时，婉言回绝道："这是芊芊自己的事情，我们相信她自己能处理好！"

只见5岁的芊芊神情自若地拿下头上的橡皮筋，有条不紊地比划着，动作虽然笨拙，但是那煞有介事的认真样儿让周围的人十分惊叹。不一会儿，只见芊芊将橡皮筋稳妥地缠在了鞋上，虽然样子不如蝴蝶结鞋带美观，但是鞋子又可以穿啦！

　　"宝贝，你真棒！"此时，父母不禁夸奖道。在一旁站着的朋友对芊芊的独立感到惊奇。

　　在教养女孩的过程中，很多父母都会落入"美丽的陷阱"或是"误入歧途"，将女孩看成温室中的花朵。很多父母认为女孩天生就是脆弱的，因此他们认为女孩需要得到更多的保护和照顾，以避免她们遭受失败之苦。殊不知正是这种观念扼杀了女孩自信、独立的品质。

　　雯雯的父母是大学老师，他们认为女孩不应该受到任何伤害，应在无菌的环境中成长。一次，雯雯和表弟到乡下奶奶家过暑假，乡村的一切对两个从城市来的孩子来说都是新鲜的，门前清澈的河流，屋后连绵不断的山脉都是孩子们充满向往的地方。

　　奶奶家的门前有一棵百年老树，出于好奇，两个孩子一同爬到了树上，此时，刚从屋里走出来的妈妈就紧张地站在树下，生怕雯雯一个疏忽从树上掉下来，她不断地提醒雯雯要谨慎——"看着你的脚下，不要再往上爬了，快点下来，不要往下看！"

　　听到妈妈的话，雯雯也不为自己的探险感到兴奋不已了，她垂头丧气地缓缓爬下来，站在树下，抬头眼睁睁地看着表弟在树上远望他处，一种从未有过的失落感向她袭来。

　　很多父母对女孩都表现出更多的热忱，其实，无论从言语还是行动上，父母都向孩子传递出了这样一个信息："你是受保护的对象，没有我们的帮助，你什么都做不了。"这是多么消极的暗示！这样的暗示只会让女孩不再相信自己，而是以理所应当的心理依赖他人。

　　美国著名教育家艾里姆夫向广大家长提出这样的建议：父母要倾听女孩的"真实意图"，让女孩根据自己的"内部指导系统"自由发展，而不能让别人的意见指挥自己的人生，这是培养女孩独立的关键。所以，父母应该倾听女孩发自内心的信号，理解她心底的"内在愿望"。

同时，"富养"女孩，不仅要从物质上满足她们，更要在精神上满足她们，给孩子一个自己做主的机会，这样更有助于孩子独立性格的养成。

"独立是每个人与生俱来的潜能。"当女孩按照自己的意愿，郑重其事地做出选择时，她独立、自信的潜能就像有魔力一样，能够激发出无穷的超凡能力。

女孩也可以有所成就，但是这种成就在不同程度上取决于父母，如果父母能够倾听女孩内心的声音，放手让她们按照自己的意愿去发展，女孩就会向父母证明她们有多棒。反之，如果女孩总是过多地受到父母的控制或是保护，她们的智力发育就会受到严重的损害，随着时间的流逝，女孩就会慢慢地失去自我。

总而言之，父母要让女孩有意识地认识到自身的能力和力量，让她们真正成为精神上的"贵族"。无论是在学习走路，还是在堆积木时，父母都应该让女孩和男孩一样，从尝试、失败到再尝试，直到获得成功，在这个过程中，女孩获得的不仅是自信，更重要的是自立。

女孩不能因为安静、温柔等性格特征，就失去发展的空间和控制自我的能力，父母不要过分保护你的"小公主"，应该给她成长的机会，支持、引导她做出正确的决定，即使偶尔会失败，会受伤，这也是成长的代价。

女孩可以不需要依赖别人

尽管女孩相对柔弱，但这丝毫不影响对女孩的独立性的培养。父母应该培养女孩的自理能力，使其成为具有独立人格的"自由人"，而不是思想受到束缚的依赖者或是跟随者。父母只有放手让女孩独自行走，才能根除"女孩天生是弱者"的思想。

爱孩子的父母总会把女儿当成公主一样去宠爱。很多父母都会把女孩当成容易凋谢的玫瑰花来爱护，总是把女孩束缚在美丽的花瓶中，然后摆在风吹不到、雨淋不到的温室中。

不得不承认，父母的初衷是好的，他们希望女孩时刻受到亲人、朋友的保护。但是，父母可能没有想到，让女孩凡事都依赖别人是非常危险的。

24岁的小珍大学毕业后，去了一家外贸公司，但还不到一个月，她就辞职了。

在此之后，小珍又找了很多份工作，每次都坚持不到试用期就结束，她总是为自己找很多原因——人际关系复杂、工作较为繁重、领导不好相处等。为此，她妈妈总是说："找不到合适的工作就在家待着，放心，有妈妈在，你一切都不用操心。我再托人找关系，一定让你去大公司做白领，不受那些小公司老板的气。"

其实，小珍遇到的这些问题是年轻人刚参加工作时常会遇到的，但是，这对小珍来讲却是很大的事情,好像根本就无法解决似的。因为从小到大,小珍的妈妈都为她打点好一切,只要求她好好学习,其余事情都不用做。不仅如此,还杜绝她外出交友,生怕社会上的不良习气影响了她。

小珍就这样游移不定地度过了几年,眼看同学们的事业都小有成就,唯独她还是一无所获。看着女儿苦闷的样子,妈妈请求别人为小珍介绍了一个家境殷实的小伙子,起初,小珍不太喜欢这位男孩子,但是,妈妈却说:"他的家境殷实,你以后就可以高枕无忧地过日子了。"

从小对妈妈言听计从的小珍,就这样与相识不到半年的男友草率地结婚了。可是结婚不到一年时间,小珍就发现丈夫有了外遇,同时,妈妈又因患心脏病住了院,面对眼前的处境,小珍不知道该如何是好,因为一瞬间,她的"两座靠山"都崩塌了。

苦闷之极的小珍找到了心理医生,希望重新燃起生命之火。在医生的指导下,小珍回忆起了幸福的童年生活与对自己有重大影响的人和事。

小珍小时候很活泼好动,凡事都想亲身体验一下,但是父母却告诫她要文静,否则,没有人会喜欢她。最让小珍印象深刻的是,父母好像从来不给她做主的权利,对她更不寄予厚望,当然,也不会认为她是个有能力的人。父母最常说的话就是:"女孩子嘛,差不多就可以了。"

就这样,小珍的想法和意见统统被父母的"爱"所淹没,她渐渐变得没有想法,没有思想,只会按照父母的意见行事,因为她心里想:父母永远都是对的,他们做的任何决定都是为自己好。有父母为我做决定,我也省去了很多麻烦,何乐不为?但是,直到她生命中的两个"依靠",一个不能再依靠,一个不值得再依靠时,她的精神世界就彻底崩溃了。

把女孩看成一株玫瑰,她们就会认为自己应该居住在温室,如果她们不慎经历了暴风雨的洗礼,那么,一定是由看护者疏忽造成的,所以,女孩会像以往一样，等待别人为自己承担这一切不良后果。

父母将女孩看成玫瑰花，这看似没有问题。但是，理想和现实之间总是存有巨大的差异。父母的设想不能决定女孩的命运，如果父母一开始就以拯救者的身份出现，那么，父母就成为了女孩人生的主宰者。他们给予女孩过度的爱使女孩失去了独立、自主的能力，这样的生命意味着什么？在父母老去后，还会有人充当女孩的拯救者吗？

对于思想成熟、行事稳重的父母而言，这一切的疑问都不难回答。作为父母，总会遇到这样的状况：一方面，父母希望女孩能够独立，这是生存的必要性所决定的；另一方面，当女孩遇到问题时，父母往往比女孩更着急，他们总是担心孩子没有经验，不能独自解决问题，更担心孩子会受到伤害。所以，父母总是千方百计地帮助孩子解决困难。

对此，父母必须学会放手，否则孩子将永远学不会独自行走。正是这种舍不得让女孩独自思考、独自解决问题的做法，成为女孩依赖的根源。父母都不希望自己的女孩做无助的玫瑰花，明智的父母懂得培养孩子的独立能力，使其不过度依赖别人。在这种教育下成长的女孩才会有光明的未来。

让女孩不再懒散

如果独立多一点，懒散就会少一点。有人说，做女孩的父母有三重境界，第一重是忙于育女之术，第二重是长于育女之术，第三重是精于育女之术。随着境界的不断提升和时代的变化，父母也应该从"育女工"上升到了"育女专家"。那么，父母怎么做才能教育出一个独立、勤快，没有"懒散"这一恶习的女孩呢？

1. 做"懒爸爸""懒妈妈"

很多父母认为，"富养"女孩，就是要让女孩吃好的，穿好的，认为这就是有品位的生活。其实不然，真正的"富养"，是养精神，而不是物质。父母在适当的时候，给自己放放假，懒一点，对于成长中的女孩未尝不是一件好事。

一位懒妈妈在日记中写道：女儿出生后，立即成了全家人的宝贝。爷爷、奶奶、外公、外婆四个人围着小家伙一个人转：女儿要喝奶，奶奶拿奶粉，爷爷拿奶瓶，外公倒水，外婆拿毛巾！那个忙碌劲儿，绝不亚于太后用膳。

宝宝两岁时，什么都想抢着干，爷爷奶奶虽然很高兴，但总是一个劲地说："宝宝还小，宝宝还小！奶奶来做！"就这样，小家伙的工作热情就中途夭折了。

过年的时候，老人都回老家了，这下我可就没有了后顾之忧，决定将"懒"进行到底。

女儿想吃饼干，嚷着要我去拿。我说："你自己去，妈妈也累了。"她不肯，我们僵持着，最终她还是妥协了，自己跑去拿饼干。

我们一家三口逛街回来，累了，我和她爸爸躺在床上，对宝宝说："我们累了，休息一会儿，你要是不休息就到客厅看会儿电视吧。"女儿很不高兴，可我们都闭上了眼睛，她想了想，就走出了房间，还没忘帮我们把房间门关上。我和老公相视一笑，我悄悄地爬起来，跟在她后面看。看见小家伙打开冰箱，拿了酸奶，打开电视，一个人坐在沙发上，有模有样地看起来。

在我们的"漠视"下，女儿一个春节假期竟学会了穿、脱衣裤，拿筷子吃饭，自己收拾玩具，这让我惊喜不已。

从这位"懒妈妈"的育女真经中，很多父母应该都有所启发。忙碌的育女工作，让很多家长们投入了百分百的精力，疲惫之余，却仍感力不从心，收效甚微。可见百分百勤快的家长不一定就能得到百分百的效果。与其这样，倒不如给自己喘口气，放个假，偷个懒，做不了百分百的勤快父母，那就换个角色，做"懒"一点的父母，也许会有意外的收获。

做"懒"父母绝不是为了享轻闲、图自在，而是用心良苦。通过谈话、讲故事等方式，使孩子知道"自己的事情自己做"的道理。女孩的未来要靠自己去开创，独立的生活能力是一个人生存和发展的基本前提。而这种能力并不是天生的，是从小培养和锻炼出来的。父母将女孩的一切都包办，等于剥夺了女孩认识世界、锻炼自我的机会。做个"懒"父母是为女孩着想，对女孩的成长负责的表现。

2. 互相表达爱，让女孩感知爱，从而主动去劳动

爱是相互的，女孩需要爱，父母当然也需要。女孩生活优越，全然不知道家长工作的辛苦和感受，怎么可能知道爸爸妈妈也需要爱呢？默

默奉献的父母，也要学会时常偷偷懒。周末的早上，不妨睡一个懒觉，冲着女儿发发牢骚："妈妈真辛苦啊，为了你，妈妈少睡了好多个懒觉。"

父母有自己的工作和生活空间，自己偷偷懒，其实就是给了女孩培养独立能力的机会。女儿也才不会把父母的付出看成理所当然。要让孩子意识到，衣食住行是孩子自己的事，父母不是"全职保姆"！

当然，缺失的爱可能会让女孩不适应，产生情绪。爸爸妈妈一定要时常把爱说出口，让女孩扭转"父母不爱我了"这种稚嫩的想法。

3. 多些信任，少些埋怨

有很多勤快的父母什么事都想替女孩做，但做的时候却很不情愿，一边做一边责怪女孩："你怎么什么都不会做？妈妈像你这么大的时候都能上街打酱油了。"要不就历数："你看谁谁真聪明，还会自己吃饭呢。"事情没做完，女孩早就被数落得垂头丧气，信心全无，更不用说放手让女孩自己去做又会衍生出多少牢骚。

孩子的年纪尚小，出现失误在所难免，父母不能用大人的准则去限制她，相信你的女儿，她有自己的处理方案。多给女孩鼓励和表扬，少点指责和埋怨，她就会多点信心和满足。

总之，独立的女孩能克服懒散的毛病，而父母要想培养一个勤快、能干、独立的女孩，就要适时地放手，就要"勤快孩子懒自己"，这才是真正的"富养"女孩！

让女孩学会当机立断

我们在日常生活中，会发现这样一个规律：凡是从小就有较强的决断能力的人，长大后往往也都有果断的决策能力。例如，在上学期间就担任班干部的女孩，长大后基本上可以成为一个企业或者一个单位的女强人或领导者。所以，父母应当注重培养女孩的决断能力，让女孩学会在关键时刻当机立断，为她日后形成坚决果断、不拖泥带水的性格，打下坚实的基础。

什么是决断能力呢？就是指在面对任何事情的时候要当机立断，不瞻前顾后，不前怕狼后怕虎，缩手缩脚。我们都知道，现代社会是一个高速发展的社会，要想在这个社会上取得成功，必须具备遇事果断处理的能力。一个人的决断能力的大小，不是哪一天突然降临的，而是靠日积月累的培养和锻炼形成的，而这种培养和锻炼是从小就开始的。

因为心理不成熟以及缺乏生活经验，女孩不能迅速地明辨是非，及时地做出决定，所以往往在面对一件事情时显得犹豫不决。父母绝对不能放松对自己女儿决断能力的培养，一定要适时引导和加强她面对新生事物的认识、辨别能力，然后教导她认准的事情就要快决定，快行动。

那么，怎么培养女孩的决断能力呢？

方法一：为女孩创造自己拿主意做决定的机会

我们有的家长经常说：女孩太有主意不好，应该听大人的。实际上女孩有主意是件好事，她会有自己的看法、自己的认识。应该给女孩创造机会，让她学会自己拿主意。

一位母亲在育女日记中写道：

我的女儿剑桥 6 岁了，我对女儿的态度是：一方面，女儿的事就由女儿自己决定。例如，问她有什么样的兴趣爱好，我就尊重孩子的这一爱好，而不强迫女儿去适应我们的安排。女儿喜欢绘画，我就不逼女儿去学钢琴，而是给她提供绘画需要的水彩、颜料和画笔等用品。因为兴趣是最好的老师。另一方面，我不包揽、不干预那些本属于女儿自己的事情。例如，让剑桥做力所能及的家务事，至于文化学习方面的事，从来都由女儿自己完成和安排，这样，我们也省心，也锻炼了女儿的决断能力。

方法二：鼓励女孩当机立断，不要优柔寡断

心怡原来做事经常没有主见，犹豫不决。妈妈带她去超市买一件夏天穿的 T 恤，她先挑一件白的，在身上比一比，觉得不满意，放下，又拿起一件红的，还是不满意。半小时过去了，心怡也没有选好一件，只好让妈妈替她做了决定，妈妈发愁得直摇头。

后来，妈妈明确地告诉心怡："许多事情是你自己必须解决的，不能依靠别人的帮助。要知道，你今天不想面对，明天还是一样需要你去直接面对。"从此，妈妈故意为女儿制造一些选择的机会，并鼓励她当机立断。比如，一起买东西时，妈妈不再为女儿出任何主意，只是在一旁告诉女儿要相信自己的直觉，喜欢哪个就买哪个。做事不要力求完美，不要考虑太多。渐渐地，心怡做事越来越果断了。

当女孩遇事犹豫不决，向父母征求意见时，父母不要马上给出答案，而是要引导她拿出自己的意见。哪怕她说出的意见没有多少价值，也要先予以鼓励，然后再帮其完善。这样一来，女孩决断的性格就会逐渐形成。

方法三：家庭的事要让女孩也参与进来

家庭的事也是女孩的事，这一点在很多父母看来是不可以理解的。父母往往会说："孩子这么小，他们懂什么？"其实，这种观点是不对的。因为女孩也是家庭成员之一，她们也有权参与家庭事务的决策。

一位母亲在她的博客中写道：

我平时很注意锻炼女儿小焰儿的决策能力。比如：我们一家人准备晚上到饭店吃晚饭，那么到哪一家饭店呢？我们在决定之前常征求女儿小焰儿的意见，她说喜欢润泽居，我们就采纳了；到了饭店点菜时，我也让孩子点一个自己喜欢的菜；家里要添置什么日用品（比如烤箱），买什么品牌、买什么型号，我们也会征求孩子的意见。尽管小焰儿可能还不一定能说出所以然，但我知道：当我们征求女儿的意见时，她就会对我们所提的问题进行思考、分析、比较，然后做出自己的决断。这正是我们对女儿决断能力的一种锻炼。

通过让女孩参与家庭事务的决策，不仅可以让孩子感受到作为一个家庭成员参与决策的"主人翁"的责任感和幸福感，而且也能让女孩的决断能力得到锻炼和提高。

第八章

为女孩插上智慧的翅膀

　　"女子无才便是德"这句话曾经一度扭曲了人们对女孩的教育。幸好，时代飞速发展的今天，智慧与美貌并重的女孩，才是女孩中的佼佼者。美貌不再是评判女孩的绝对标准，成熟睿智的女性更能得到人们的尊重。"富养"女孩，就要为女孩插上智慧的翅膀，让她们翱翔在广阔的天际。

培养女孩学习的兴趣

当今社会，只有努力学习，才能具备竞争力，女孩也不例外。知识是衡量一个女性素质和修养的重要标准，而具备学习的动力是女孩学好知识的源泉，可以说，这种动力很大程度上应理解为学习兴趣，其实，女孩天生是好学的，她们两三岁时就对外界事物充满好奇，只是很多父母误解了"富养"女孩的含义，认为给女孩充足的物质条件，孩子就能学好，而忽视了培养女孩的学习兴趣。

其实，女孩天生乖巧、不顽皮，更愿意主动地去学习，所以，很多时候并不需要父母过多的担心。

俗话说得好，"天生我材必有用"，培养女孩学习的兴趣，让"兴趣"这个老师来督促女孩学习，女孩必能发挥其最大的学习潜能，并有所建树。而身为父母，应该顺应女儿成长的规律，不应该压抑女儿的好奇心、禁止女儿发问，反而要鼓励她们；因为长大后，她就不一定想知道那么多了。父母还应该多带女孩上街，让她们多接触新鲜事物。

父母都希望自己的女儿既能轻松愉快的学习，又能取得好成绩。学习兴趣是推动女孩学习的一种最实际的动力，它能够促使孩子自觉地去学。一般来说，女孩的学习兴趣与她们的学习成绩、学习信心是相辅相成的。她对某门功课有兴趣，学习成绩就会好，学习信心自然就会十足。因此，父母对女孩学习兴趣的培养很重要。那么，如何培养孩子学习的兴趣呢?

1. 尊重孩子的兴趣

很多父母认为,"富养"女孩,就应该把女孩培养成为一个全能型人才,于是从孩子一入学开始,就千方百计地想孩子学得好,懂得多,所以父母把女孩的双休日、节假日都安排得满满的。事实上,孩子多学点东西是好的,父母这个出发点也是好的。但自己的女儿是否喜欢学呢? 所以,作为父母,并不应该强迫女孩学这一样,不学那一样,而是应该多给孩子一些自由宽松的选择空间,让她们自己去选择感兴趣的、喜欢做的事。例如,有些女孩并不喜欢弹钢琴,而喜欢动手操作,搞一些小制作。而父母认为这不应该是女孩的兴趣所在,便加以阻止,其实,这也是学习的过程,这样的学习孩子才会学得自觉、开心,况且,这样的活动,不仅能使孩子的思维能力得到发展,还能提高他们的动手操作能力。父母不但不应该阻止他们做,还要根据孩子的这一兴趣特点,为她们提供有关的书籍,创造机会让孩子参加一些有益的活动和比赛。

许多事实都证明,小时候培养的兴趣往往会为一生的事业奠定基础。有些做父母的对女孩寄托了很大的希望,但他们往往按照自己的主观意志去"规定"女孩的兴趣,而不是遵循孩子自身的学习兴趣的发展规律并培养孩子,这样往往会延误孩子的发展,因为并不是每个女孩都有相同的兴趣。

2. 了解女儿的学习能力

切记千万不能将自己的理想模式强加给女孩,女孩有其自身的特点,而且每个女孩都有自己的特点,目标的制定还要因人而异,即使制定目标后也应不断调整,使之始终处于理想的模式。

3. 要让女儿有危机感,要给她适当的压力

　　父母不可能永远庇佑女孩，也不可能呵护女孩一辈子，这是一个不可回避而且必须想得清清楚楚的问题。因此，女孩必须要努力学习，这种压力，也能转换为学习动力，但学习动力的形成，最好不是强迫，要让它自觉形成，要引导孩子，让孩子自己分析得来。要让女孩对自己成长生活的小环境和大环境有正确清晰的认知，有危机感。关于大环境，而今大家的一句口头禅就是"现在是竞争社会"。要让孩子明白，这个激烈竞争的大环境，是应当热烈响应，并积极参与其中的——要让孩子真心向往竞争。

　　但要提醒的是，这种危机感又要适度，不能让孩子没有安全感，父母应与她一起努力，一起奔跑前进。

　　正确的教育造就成功的女孩。培养女孩的学习兴趣，可以让女孩快速提高成绩，也可以减轻她们自己的负担和压力，具备实力的女孩定能在未来竞争激烈的大环境下出类拔萃！

让女孩尽情地施展自身的天赋

语言与文学天赋是一个人才华的体现，也是一个人的财富。语言能力是人类应用最广泛的一种能力，是人们发展智力和社交能力的核心因素。文学天赋看上去好像与我们生活的联系并不紧密。然而，一个拥有文学天赋的女孩在学习与工作中都能够为自己增加筹码。

随着经济的发展，人们之间的交往日益频繁，语言表达能力的重要性也日益增强，我们在做的同时也要学会表达。一个人如果只会埋头苦干，不善言辞、笨嘴笨舌，就很难取得成功的。

表达同一个意思，有的人"妙语连珠"，有的人却"词不达意"。如果这两个人在其他方面都很优秀，那么肯定是那个"妙语连珠"的人会得到重用并且升职。如果我们说话时用语准确，修辞得体，语音优美，那我们在求职应聘时就会从容不迫、对答如流，从事各项工作会更加游刃有余，事业就会更加成功，人生也会更加丰富多彩。

语言能力是孩子通往成功之路的必要能力。无论何种交流，都需要用语言表达出来。良好的表达才能赢得陌生人的好感，可以消除矛盾，化干戈为玉帛。不论你的女孩多么聪颖、受过多么高深的教育、穿着多么漂亮的衣服、拥有多么雄厚的资产，如果她不能恰当地表达自己的思想，那么她可能仍旧不能算优秀。

外在的学习环境，家庭关系以及与他人的互动都直接影响着孩子的语言能力。2岁以上的幼儿，就已渐渐具有语言交谈的能力了。然而，过多的溺爱或我们对她们这种能力的忽视会让孩子失去表达的机会，也会使其失去展示的机会，她们会变得越来越慵懒。

因此，父母一定要帮助女孩施展她的语言和文学天赋，让她能够在万千孩子中大放异彩，受到老师、同学的赞赏。具体来说应该从以下方面着手：

1. 营造氛围

孩子的语言和文学方面的才华是通过不断地模仿、练习获得的，父母不妨让女孩多接触不同的人、事、物，有空的时候多带女孩一起去超市购物、逛公园、探视朋友，开阔她的眼界。随时随地教女孩认识各种事物，并让她再重复说出一次。让孩子多说，把自己的想法与主张都表达出来。

准备一间书房，一个书架和一个书桌。引导女孩多读一些名著，提高自己的品位，积淀一些文学知识。

2. 让孩子复述故事

当孩子具备语言表达能力时，父母要专心地倾听孩子说话，并鼓励她复述一些故事。故事是孩子阅读的主要材料。每天给幼儿看故事书的时间，然后，可以让孩子把她所看到的或者听到的"故事"，通过表演的方式复述出来。

当然，我们要为孩子选择一些好书。通过一些活动培养她的读书技能，提高读书的兴趣。比如，当孩子看了《白雪公主》后，父母就应该让她把这个故事表述出来，并适当地加以表演，以此锻炼她的语言能力。

当孩子根据神话或传说中的故事情节，去扮演骑士或英雄，或者模仿小狗时，一定不要去阻止或者嘲笑她。常讲故事，有利于培养孩子的语言能力，发展她的想象力和推理能力。

3.学会阅读

阅读是学习的基础，也是当今社会人们获得成功的基础。我们要帮助女孩从小形成自主阅读的能力。阅读能力与口头语言表达能力是紧密地联系在一起的。

通过阅读，可以扩大孩子的口语词汇量，促进孩子的语言能力发展。当孩子出现一些阅读困难的征兆时，父母一定要敏锐地给予其早期预防性的干预。

当然，孩子有写日记的习惯对于提升写作水平是不错的，父母应该鼓励她们把心灵中的闪光点及时地记录下来。

尽力保护女孩的好奇心

当女孩长到两三岁时，她们会突然冒出很多的问题："天空为什么是蓝的""人为什么会呼吸""小鸟为什么会飞"，这正是孩子好奇心的表现。从这个时候开始，孩子对一切充满了好奇，他们想知道这世界上的一切奥秘。

有的父母可能觉得孩子的问题很幼稚，所以表现得很冷淡，甚至不予理睬；有的父母开始会回答几个问题，但随着孩子问题的增多，就会渐渐变得没有耐心；还有的父母回答不了孩子的问题，就找一些理由瞒哄或搪塞过去。这些做法都会打击孩子的好奇心，挫伤他们求知的积极性。

诺贝尔奖奖金获得者利奥彼德·鲁齐卡的父母没有什么文化，可是幼年时的鲁齐卡有着强烈的好奇心，他常常瞪着大眼睛问父母："天为什么是蓝的""水从哪里来"……许许多多的"为什么"总是使他的父母解答不了，但他的父母并不为此感到难堪，也没有因此而阻止儿子发问，而是怀着喜悦的心情鼓励儿子："好好学习吧！相信你将来会弄懂的！"正是这样的鼓励，使鲁齐卡不断奋进，最终登上了科学的巅峰。

对于求知欲旺盛的孩子来说，最大的快乐莫过于解开了某些奥秘。解开奥秘后所体验到的愉快和满足的情感，反过来又激起他全新的探索兴趣。作为父母，不仅要尊重、保护和正确引导孩子的好奇心，而且应努力激发他们的好奇心，使他们幼小的好奇心发展为强烈的求知欲。父母对孩子提出的问题，要确切、通俗易懂、有条理地给予答复。如果暂时答复不了，可以告诉孩子："这个问题等我弄明白以后，再告诉你。"但是切记事后一定要兑现。

孩子的好奇心还表现在喜欢拆开、打破物品上。比如经常有孩子把新买的玩具拆得乱七八糟，这种举动常会惹父母生气，他们会责怪孩子糟蹋物品。其实孩子的目的是要研究玩具的构造或原理，而不是为了破坏它。

著名教育家陶行知先生曾听到一位母亲对他抱怨说，她的孩子非常淘气，把一块贵重的金表给拆坏了，她把孩子打了一顿。陶行知先生当即说："可惜啊，中国的爱迪生让你给枪毙了。"

陶行知先生的这番话，说明了一个问题：父母往往在无意识中扼杀了孩子的好奇心。好奇心是孩子创造力的源泉，所以有时候父母不但不能批评孩子的"破坏"行为，还应该鼓励和引导孩子适当作出一些"破坏"行为，从而满足孩子探索的欲望，培养孩子的动手能力——女孩的动手能力往往比男孩差一些，需要得到适当的训练。

佳佳还没上小学，就开始用铅笔画图、写字，她觉得这有趣极了。当她发现母亲用钢笔写字时，立刻对钢笔产生了兴趣。

"钢笔不像铅笔要削，它没有铅芯。但钢笔有个大肚子，可以吸进去墨水。"母亲见佳佳总拿着钢笔看来看去的，就拿出一支不能用的钢笔给她，并说："实际构造妈妈也不清楚，你自己拆开研究研究吧！"佳佳高兴地点点头。

但对于一个尚未上小学的小女孩而言，拆卸钢笔并非是一件容易的事。不过佳佳这回表现出了十足的耐心，终于拆开了钢笔，了解到了钢笔的内部构造。

佳佳母亲看女儿对收音机也有兴趣，就给了她一台报废的收音机，让她拆开彻底研究。这样久而久之，佳佳一直对理工科学特别感兴趣。因为有兴趣，佳佳的学习成绩也特别好。高考后，佳佳顺利考上一所重点大学的电子工程专业。

　　只有当孩子的心中对世界充满好奇，凭借无穷的求知欲望而自发地学习时，父母的美好愿望才有实现的一天。所以，父母应该鼓励女儿参加各种游戏和课外活动，从培养孩子广泛的兴趣入手，帮助孩子扩大求知的范围；平时要注重培养女儿的多种爱好，指导女儿阅读好的书籍，以提高女儿的阅读兴趣；创造机会让女儿多看、多听、多接触大自然，以增长见识；还要鼓励女儿自制玩具、科技制品等，以达到锻炼女儿的动手能力、激发女儿的求知欲的目的。

帮女孩制订一个科学的学习计划

敏敏今年 13 岁，上初中一年级。和小学相比，初中科目多了，学习任务也重了，这让敏敏感觉非常不适应。虽然她每天从早到晚都忙个不停，但是学习效果一点儿也不好。前一段时间期中考试，她比入学初竟然下降了 5 名。这让敏敏非常苦恼：我这么用功学习，成绩怎么没有上升，还下降了呢？

很多父母都遇到过这样的情况：自己的孩子每天都像陀螺一样转个不停，一刻不歇地学习，但是成绩就是上不去。为什么会出现这样的情况呢？这是因为学习也是一种艺术，需要处理好各个学科之间的关系，也要处理好它和休息、娱乐之间的关系。如果盲目地、杂乱无章地去学习，学习效果肯定很不好。所以，我们非常有必要为孩子制订学习计划（对于大一点儿的孩子，父母可以指导他们自己制订学习计划）。

其实对孩子们来说，学习计划也并不是什么新鲜事。每个新学期，他们（或者他们的父母）都会为自己制订一份，往往是在前几天信心满满，严格按照计划去执行，但是没过一两个星期，那份学习计划就没有了约束力，完全成了一张废纸。

一位母亲曾经这样谈到自己的女儿：

在新学期，我女儿拿着一张纸条兴冲冲地对我说："妈妈你看，这是我给自己制订的学习计划，你看怎么样？"我接过来一看，上面列举得还很清楚，每个时间干什么，上面都有严格的规定。我说："你制订得挺好，但是你一定要按上面的执行啊！"女儿说："那当然了，要不然我还制订学习计划干嘛！"

刚开始两天，女儿还真是按照学习计划去学习，但是到了第三天，我就看到她在本应预习功课的时间看动画片。我说："你的学习计划里面不是规定六点到六点半是预习功课的时间吗？你怎么看上动画片了？"女儿撒娇说："今天演的是我最爱看的《网球王子》，今天我就看一天，明天就不看了。"第二天，她又准时坐到了电视机前。再过了四五天，她的学习计划就彻底作废了。

从上面这个事例可以看出，女孩年纪小，自制力差，让她们严格按照学习计划去执行确实是一件很难的事情。所以，我们制订的学习计划一定要有科学性，同时要鼓励她们按照学习计划去执行，这样才能让她们有计划、高效率地去学习。

方法一：为女孩制订科学的学习计划

很多学习计划不能执行下去是因为它们不科学。有些父母为了能让女儿多学知识，就在学习计划里面加大了学习量。还有的父母没有考虑全面，让女儿在她看动画片的时间去学习。这样的学习计划自然得不到女儿的支持，甚至会把它当成一种束缚，从而不愿意去执行。所以，我们在为女儿制订学习计划的时候，一定要让它具有科学性、全面性和可行性，并且得到女儿的认可和支持。我们可以从以下几个方面入手：

第一，学习量要适中，充分为女儿留出休息和娱乐的时间。如果学习量太大，会让女儿产生反感的情绪，从而不愿意执行。

第二，安排好常规学习时间和自由学习的时间。常规学习主要用来完成老师留的作业，自由学习用来预习或者复习功课。

第三，要突出重点，在薄弱的科目上多下工夫，不要分给每个学科相同的时间。

第四，注意效果，及时调整。学习计划一旦制订，并不是丝毫不动地，而是要根据学习效果，进行相应的调整。

第五，安排好长计划和短计划。在每个学期，要有一个大目标，然后再把这个大目标分解，每个月做什么、每周做什么、每天做什么。这样做，女儿不仅不会感到学习量太重，而且会体会到前进的快感，从而愿意执行学习计划。

方法二：让女孩在学习计划的执行中体验到进步

婷婷是个贪玩的小女孩，学习成绩一直不理想。尤其是她的数学成绩，常常排在班里的后几名。有一天妈妈对她说："宝贝女儿，妈妈给你制订一个学习计划，好不好？以后你每天多学 20 分钟数学。"婷婷嘟着嘴不乐意。妈妈说："你先执行一个月，如果你的成绩比以前好了，咱们接着执行，如果还和以前一样，你就不用执行了。"婷婷勉强答应了。在以后的日子里，妈妈每天给女儿补习 20 分钟的数学，一直坚持了一个多月。接着，在学校的月考中，婷婷的数学成绩一下子提高了 15 名。尝到了进步的喜悦，婷婷再也不"痛恨"学习计划了，并让妈妈把其他的学科也加入到学习计划当中。

当孩子在学习计划中品尝到进步的喜悦时，她们才更愿意去执行。如果长时间她们都感觉不到自己有所进步，就会对执行学习计划失去兴趣。所以，在开始制订学习计划的时候，学习任务不要太重，也不要对她们提出过高的要求，这样，她们会感到自己每天都在进步，从而也更愿意去执行学习计划。

方法三：对自制力差的女孩进行监督

有些女孩自制力非常差，如果没有父母的督促，她们连作业都无法写完，更不要说去执行学习计划了。对于这样的女孩，父母应该多提醒她们，并且培养她们的自制力，让她们按照学习计划去执行。

在提醒她们的时候，父母不要用批评、嘲讽、气愤的语气，而要心平气和地和她们说话。例如，女孩本应在写作业的时间看电视，父母可以对她说："现在七点钟了。"尽管父母没有把"写作业"三个字说出来，但是女孩能够理解父母是在催促自己，而且这样的"催促"不会引起女孩的反感。如果女孩仍然坐在电视机前不动，父母可以过一会儿再提示她们一次："现在已经七点半了。"对于那些提醒、催促仍然不起作用的女孩，父母可以"放任"她们两天，让她们写不完作业去挨老师的批评。有了挨批评的教训，她们就会认真地按照学习计划去执行了。